成长势能

个体崛起与能力变现

任康磊◎著

人民邮电出版社

北京

图书在版编目（CIP）数据

成长势能：个体崛起与能力变现 / 任康磊著. --
北京：人民邮电出版社，2022.1（2022.1重印）
ISBN 978-7-115-56965-3

Ⅰ．①成… Ⅱ．①任… Ⅲ．①职业选择－研究 Ⅳ．
①C913.2

中国版本图书馆CIP数据核字(2021)第142917号

内 容 提 要

本书以问题为导向，旨在解答以下问题：互联网时代，个体如何成长与发展？个体如何崛起？如何获得更高的收入？如何让自己更有价值？如何通过副业赚钱？如何让自己所有的努力都是"为自己打工"？一个人如何做成需要一个团队才能做成的事？

全书分为7章，主要内容包括：个体崛起需要的3大能力的构建方法，累积势能、应用势能和构建人际关系的方法，4种适合个体崛起的商业模式，选准领域定位、功能定位和合作方的方法，倍速成长、指数型成长、跨越式成长和运用杠杆成长的方法，流量变现、黏性变现、知识变现的方法和采取变现行动的方法，构建个人品牌的典型误区和方法。

本书适合期望通过副业赚钱的人、自由职业者、独立创业者、小团队创业者、自媒体人、互联网从业者、期待改变命运的职场人士以及所有期待个体崛起的人阅读。

◆ 著　　　　任康磊
　　责任编辑　马　霞
　　责任印制　彭志环
◆ 人民邮电出版社出版发行　　北京市丰台区成寿寺路 11 号
　　邮编　100164　电子邮件　315@ptpress.com.cn
　　网址　https://www.ptpress.com.cn
　　天津千鹤文化传播有限公司印刷
◆ 开本：700×1000　1/16
　　印张：17.5　　　　　　　　　2022 年 1 月第 1 版
　　字数：217 千字　　　　　　　2022 年 1 月天津第 2 次印刷

定价：69.80 元
读者服务热线：**(010) 81055296**　印装质量热线：**(010) 81055316**
反盗版热线：**(010) 81055315**
广告经营许可证：京东市监广登字 20170147 号

前言

PREFACE

在从事管理咨询工作后，我被企业管理者们问得最多的问题是："如何提升员工的忠诚度，从而让员工有责任感？"

我说："提高员工的工资。如果某个员工的价值是年薪10万元，你给他20万元的年薪，多的那10万元，'买'的就是员工的忠诚度和责任感。"

有的企业管理者会说："如果这么简单，那我为何还要花钱向你咨询？"

我说："我就是让你认清这个真相，别抱幻想。"

较真的企业管理者会说："你说的靠谱吗？你能举出哪些企业是通过提高员工工资来'买'员工的忠诚度和责任感的吗？"

我说："很多，国内有华为、阿里巴巴、腾讯……美国有谷歌、苹果、脸书……"

我反问："你能举出哪些企业降低员工工资，员工依然有较高的忠诚度和责任感的例子吗？"

企业管理者："……"

抛开幻想，去伪存真，才是有用的"真管理"。经营管理如此，个人的成长与发展也如此。我们只需要看一些心灵鸡汤和成功学的书，就能崛起并实现财务自由吗？当然不能。我们要采取实际行动才有可能实现个体崛起。此外，心灵鸡汤和成功学本身也并不能真正支持个人的成长。

这本书可以有两种写法：一种是花费大量时间，提供充分的事实进行论证和逻辑推演，配合有价值、有工具、有方法论、有应用场景的内容；另一种是选些常见事物，通过几个粉饰过的生活故事，从常人想不到的角度得出一番感悟，让读者看了之后如醍醐灌顶，大呼："我怎么没想到还能从这个角度去理解？"比较这两种写法，第1种反而显得索然无味。

第1种写法朴实无华，聚焦于解决实际问题；第2种写法另辟蹊径，重点在于让人惊叹。可问题是，惊叹之后，有什么用？该怎么做呢？这类"惊叹指数"高的内容多了，让一些读者不再是为了学习而阅读，而是为了"找亮点"而阅读。

为了保证这本书的内容真正有用，我在写作这本书时，自始至终都以问题为导向，全力以赴地避免这本书只提供"爽感知识"。我是个实用主义者，也是抱着实用主义精神在写这本书。这本书的内容结合了我的成长经历，也结合了很多互联网上比较知名的个人IP的真实经历，具有比较强的现实意义和实用价值。

这本书能解决什么问题？

看过目录的读者应该能感受到，这本书是以问题为导向展开的。整本书旨在解答以下几个核心问题：互联网时代，个体如何成长与发展？个体如何崛起？如何获得更高的收入？如何让自己更有价值？如何通过副业赚钱？如何让自己所有的努力都是"为自己打工"？一个人如何做成需要一个团队才能做成的事？

未来一定是个体的时代。

根据《2019德勤全球人力资本趋势报告》的数据，非传统劳动力已经成为一种主流，非传统用工人数在全世界范围内快速增长。

这本书绝不是鼓励所有上班族都通过副业赚钱、成为自由职业者或进行自主创业，而是为有这类想法的读者提供工具和方法。从长期来看，职场人士或无业人士有这类想法是对的，因为职场总会有天花板，而副业、自由职业和自主创业没有天花板，只要在商业世界中找准自己的价值，你的可能性就是无限的。

通过副业赚钱、成为自由职业者或进行自主创业的本质是提升个人的价值，增加自己在单位时间内的市场价值。但过程中可能会因为方法不当而经历一段瓶颈期。本书围绕如何避免瓶颈期和平稳度过瓶颈期，提出了相应的策略。

如果有读者朋友还没有开始通过副业赚钱、成为自由职业者或进行自主创业，那么在开始前，我有3点建议。

1. 积累

通过副业赚钱、成为自由职业者或进行自主创业都是把自己交给市场，让市场检验自己的价值，在这一点上，它们和上班的逻辑完全不同。市场讲究的是市场规则，看的是竞争力，因此，如果没有一定的积累，千万不要轻易把自己扔向市场，这样通常很难在市场中立足。

2. 输入

要增强个体在市场中的竞争力，持续学习、终身学习是必须的。要获取流量，要创造价值，个体免不了要输出内容，这里所说的内容具体体现为某种产品或服务。输出必然意味着消耗，如果只有输出，没有输入，就是"吃老本"，可能很快就会出现内容枯竭。

3. 规划

进入市场的个体，相当于一个小微企业，如果还有一个小团队跟着你，那赢利的担子会更重。这时候一定要做好规划，要有目标意识。长期可以看梦想，短期就要看目标。长期的梦想越宏伟越好，短期的目标越具体越好。

学习究竟应该学什么？学习学的其实不是知识本身。把学习二字拆开来看，是学"基于待解决问题的相关知识"，习"对知识的深度思考和应用的能力"。这才是学习的"核心内容"。

期望本书能帮助各位读者在互联网时代实现个体崛起，一个人活成一个团队。

祝读者朋友们能够学以致用，更好地学习与发展。

本书若有不足之处，欢迎读者朋友们批评指正。

本书内容及体系结构

本书分为7章，每章聚焦一个核心主题。

第1章　个体崛起

本章解析了互联网时代个体崛起需要具备的三大核心能力，即竞争力、思考力和行动力。与竞争力相关的内容包括如何寻找和增强竞争力、如何在成熟市场崛起、如何在中小城市崛起、如何使竞争力最大化；与思考力相关的内容包括如何突破思维局限、如何实现你的想法、如何找到问题根源、如何应对目标纠结；与行动力相关的内容包括如何心无旁骛地做事、如何解决行动力弱的问题、如何应对拖延症、如何解决自制力差的问题。

第2章　累积势能

本章共分3个部分。第1个部分介绍势能如何实现价值转化，包括如何通过势能变现、如何有效积攒势能、如何防止势能耗损；第2个部分介绍如何获取势能，包括如何搭建势能、如何借助势能、如何交换势能、如何应用多维势能；第3个部分介绍人际关系圈，包括如何建立人际关系、如何应用人际关系、如何管理人际关系、如何获取人际关系。

第3章　商业模式

本章介绍了4种个体可选择的商业模式。第1种为同心圆模式，包括同心圆模式的商业逻辑和用法、直播电商和吴晓波的同心圆模式；第2种为搭台子模式，包括搭台子模式的商业逻辑和用法、罗振宇的搭台子模式；第3种为金字塔模式，包括金字塔模式的商业逻辑和用法、樊登读书的金字塔模式；第4种为生态位模式，包括生态位模式的商业逻辑和用法、李子柒的生态位模式。

第4章　选准定位

本章共分3个部分。第1个部分介绍如何进行领域定位，包括互联网还有明星机会吗、如何找到有价值的定位、如何选择定位；第2个部分介绍如何进行功能定位，包括如何正视短板、如何区分功能定位的属性、如何找到适合自己的功能定位；第3个部分介绍如何选择与管理合作方，包括合作方可能出现的问题、选择合作方要注意什么、与合作方谈判要注意什么。

第5章　持续成长

本章共分4个部分。第1个部分介绍倍速成长的方法，包括如何实现倍速成长、如何快速学习经验；第2个部分介绍指数型成长的方法，包括如何解决成长缓慢的问题、如何实现指数型成长；第3个部分介绍跨越式成长的方法，包括如何解决成长瓶颈问题、papi酱的跨越式成长、如何实现跨越式成长；第4个部分介绍运用杠杆成长的方法，包括没有资源的时候怎么办、如何用杠杆撬动个人成长、如何用杠杆撬动时间资源。

第6章　变现方法

本章共分4个部分。第1个部分介绍流量变现，包括流量变现的误区、保持流量可持续的方法、流量变现的方式、流量变现要注意什么；第2个部分介绍黏性变现，包括直播变现的原理、黏性变现的逻辑、如何增强粉丝群黏性、黏性变现需要注意什么；第3个部分介绍知识变现，包括知识变现的困局、如何应对知识变现没有效果、知识变现未来怎么走、知识变现如何To B；第4个部分介绍变现行动，包括躬身入局前应思考什么、如何设计变现漏斗结构、如何解决行动难的问题、如何突破思想的限制。

第7章　个人品牌

本章共分3个部分。第1个部分介绍构建个人品牌的典型误区，包括认为有流量就有个人品牌、认为斜杠青年就是个人品牌、认为专家身份就是个人品牌；第2个部分介绍构建个人品牌的3个关键，包括如何解决问题、如何设计产品、如何实现差异化；第3个部分介绍写作是构建个人品牌的最好方法，包括普通人如何通过写作"逆袭"、如何选择写作形式、如何养成持续写作的好习惯。

本书读者对象

期望通过副业赚钱的人

自由职业者

独立创业者

小团队创业者

自媒体人

互联网从业者

期待改变命运的职场人士

所有期待个体崛起的人

目
CONTENTS
录

第4章

选准定位 / 131

第6章

变现方法 / 195

第7章

个人品牌 / 237

结语

行动高于一切 / 261

第 **1** 章　个体崛起

个体崛起

互联网时代，人人都可能迅速崛起，但这不代表个体崛起比以前更容易。要实现崛起，个体需要具备竞争力、思考力和行动力这三大能力。竞争力决定了商业价值，思考力决定了能走多远，行动力决定了变现能力。只有获得竞争力、培养思考力、打造行动力，才有可能真正实现个体崛起。

1.1 增强竞争力的本质是减小分母

如何增强竞争力？在分数中，分数线上面的数字叫分子，下面的数字叫分母。分数的排布完美地诠释了商业世界中的竞争。把分子设置为1，代表个体，分母代表个体所处的同类项。通常情况下，分母越大，分数值越小，代表竞争力越弱；分母越小，分数值越大，代表竞争力越强。因此，增强竞争力的本质，就是不断减小分母。

1.1.1 个体崛起，竞争力来自哪里

先提个问题，互联网真的让个体崛起变得更容易了吗？

答案是没有，互联网只是给了个体崛起的机会，但并没有让个体崛起变得更容易。

美国著名艺术家安迪·沃霍尔（Andy Warhol）曾说过："In the future，everyone will be famous for 15 minutes."（在未来，每个人都有可能在 15 分钟内出名。）他认为，在未来，成名的成本会越来越低。因为互联网提高了信息的传播效率，进一步降低了成名的门槛。

美国传媒学家约翰·兰格（John Langer）曾在 1998 年出版的 *Tabloid Television* 中写道："15 minutes of fame is an enduring concept because it permits everyday activities to become great effects."（15 分钟成名法则是一个持久的概念，因为它能让普通的日常事件产生巨大的影响。）

在如今的互联网社会中，这条 15 分钟成名法则离每个人越来越近。似乎普通人成名比以前更容易了，但实际上真是这样吗？互联网让每个

人成名的门槛降低了，大量同领域的竞争者都涌入互联网，期待借助互联网成名，那为什么成名的那个人是我们呢？

互联网打破了原本由信息不对称引起的不完全竞争的局面，将所有同领域的竞争者拉入完全竞争中，从而呈现出马太效应（赢家通吃效应）。例如，电商出现前，人们需要到线下书店买书，因为距离问题，他们买某本书可能不会到多家书店比较价格。电商出现后，对同一本书，人们可能会在几大电商平台中找到这本书的全网最低价再进行购买。这就让具备价格优势的商家拥有了明显的竞争优势，从而能获得更多顾客。当然，价格只是竞争力的一个维度。

在互联网时代，个体崛起并没有变得比以前更容易，反而变得比以前更难。因为互联网给了每个人相同的机会，每个人都可能借助互联网树立个人品牌，收获大量粉丝。如今想要在某个领域里成名，个体反而需要拥有更强的竞争力。

对于个体来说，要在完全竞争的互联网世界中崛起，一定要找准增强竞争力的方法。要想增强竞争力，可以参考竞争力的公式，如图 1-1 所示。

$$竞争力 = \frac{1}{最小同类项}$$

图1-1　竞争力的公式

在竞争力的公式中，分子代表个体，分母是个体所处的同类项。增强竞争力的本质，就是不断减小分母，即缩减同类项。

什么是同类项？如何缩减同类项呢？

截至 2020 年 9 月，全球大约有 76 亿人，我们每个人都是 76 亿分之 1。此时的 76 亿地球人，就是同类项。这个同类项显然不具备任何竞争力，因为这个星球上的任何一个人都可以说自己是 76 亿分之 1，这体现不出优势和独特性。

我们位于中国，中国约有 14 亿人。随着中国的崛起，每个中国人都享受着祖国强大所带来的福利，都为自己是中国人而感到自豪。此时的 14 亿中国人，就是同类项，说自己是 14 亿分之 1 的中国人显然比说自己是 76 亿分之 1 的地球人更有竞争力。

但是，只说自己是中国人，在全体中国人中显然也不具备任何竞争力，因此需要继续缩减同类项。

可以用学历层次划分，还可以用学校类型、专业类型、是否为留学生等来划分。除此之外，还可以用职业类型、证书类型、能力类型等来划分。此外，独特的形象、专精的手艺、特有的角度等都可以作为划分同类项的标准。

例如根据清华大学中国科技政策研究中心发布的《中国人工智能发展报告 2018》中的数据，中国的人工智能企业数量排在全球第 2 名，投融资总量排在全球第 1 名。美国人工智能杰出人才投入量累计为 5 158 人，占全球总量的 25.2%；中国人工智能杰出人才投入量累计为 977 人，全球排名第 6。

对中国这 977 位人工智能杰出人才来说，身为 977 分之 1，其竞争优势是非常明显的。可以预见的是，在未来很长一段时间内，这些人的身价会维持在较高的水平。这正是强竞争力带来的个人价值溢价。

按这个逻辑推演，如何获得最强的竞争力？

如果能让分母的同类项趋近于 1，就能在某个领域获得最强的竞争优势。也就是说，成为某个领域的唯一，是获得最强竞争力的方法。如果成不了唯一，至少也要成为某个领域的头部，这样才能在这个领域中立足。

传统商业世界中有个"127法则",讲的是在几乎所有的产业中,都是头部的10%赚钱,中间的20%持平,剩下的70%陪跑。互联网加速了信息流通,扩展了人们的认知边界,减少了信息的不对称。但很多与互联网相关的商业模式比127法则还要残酷,不是头部的10%赚钱,而是只有头部的1%赚钱,剩下的99%陪跑。

想明白这个问题之后,我们会发现增强竞争力的第一步不是闷头学习,不是死磕努力,更不是盲目坚持,而是先选准领域,找准赛道,在自己最具独特优势的领域中深耕,力图成为这个领域的头部。如果当前没有独特优势,所选领域的同类项基数依然很大,那么就要选择一个维度进行单点突破。

我在成为人力资源管理专家个人IP前,市场上早有很多管理专家和行业名师。我虽然有世界500强人力资源总监的标签,但粗略估算,中国拥有这个标签的人超过3万名,其中想个体崛起的也不在少数。3万分之1,竞争优势并不显著。

怎么办呢?

我的策略是通过出书和做线上课程提升竞争力。

(1)我出版了20余本图书,是中国人力资源管理领域出书数量的TOP1。

(2)我的图书的销量超过30万册,是中国人力资源管理领域销量的TOP1。

(3)我的付费线上课程的播放量超过100万人次,免费线上课程的播放量超过500万人次,据统计,是中国人力资源管理品类线上课程播放量的TOP1。

3个TOP1让我在中国人力资源管理领域的同类项成为1,于是我在人力资源管理领域拥有了非常强的竞争力。

1.1.2 成熟市场，还能找到机会吗

很多领域已经存在头部 IP 了，那么在竞争异常激烈的成熟市场中，如何找到机会？如何在成熟市场中增强竞争力？

流行音乐市场一直是一个竞争异常激烈的成熟市场。请思考一个问题：假如你是一位创作型歌手，在没有大牌经纪公司包装、没有雄厚资金进行宣传、没有名人背书的情况下，你应该怎么做才能让自己拥有顶级歌手的影响力？

说一个我的经历。在我的老家，机场与市区间没有地铁，大多数人去机场会选择 3 类出行方式：第一类是乘坐公共交通工具，第二类是自己开车去，第三类是叫出租车或用打车软件叫车。我比较喜欢用打车软件叫车，因为价格公道，而且可以在家门口接送，方便快捷。

由于工作原因，我往返机场频繁，时间久了，见识了形形色色的司机。渐渐地，这些司机在开车过程中听的音乐引起了我的注意。我是听流行音乐长大的，这个习惯一直没丢，自认为主流音乐都听过，欧美主流歌手和乐队也知道不少。可在去机场或从机场回家这一个半小时的车程中，有些司机听的歌我竟从来没听过。

若是个例，我不会在意，毕竟每个人的喜好不同。有意思的是，大多数司机听的歌我都没听过，而且这些音乐具备高度的相似性。有的司机听的是原创歌曲，有的听的是翻唱歌曲，曲风上有的是中国风歌曲，有的是 DJ 舞曲，还有一些是独具乡土特色的歌曲。

出于好奇，我开始偷偷搜索他们听的这些歌都是谁唱的。结果发现这样一些名字，杨小壮、刘大壮、子尧、半吨兄弟……都是我之前没听过的歌手。于是我向司机请教这些歌手和这些歌的来历。

司机见我不知道这些歌和这些歌手，觉得很诧异，问我是不是从来

不听歌，怎么会连这些歌都没听过？怎么会连这些歌手都不知道？我的内心当时是崩溃的，开始怀疑自己是不是错过了什么。虽然我年纪大了，但放松时也经常听最新的流行音乐，我确实没听过这些歌。

司机说这些歌都是他挨个听 QQ 音乐排行榜上的歌后下载的。司机行业里很多人都是这样听歌的。他们有时候还会交换歌单，发现别人那里有自己没听过的歌，就自己记下来再去下载。而且他对这些歌手如数家珍，因为每天听着他们的歌，也开始熟悉这些歌手。

奇怪了！我也经常听 QQ 音乐排行榜上的歌，我怎么从来没听过这些歌呢？后来有一天，我仔细观察了 QQ 音乐排行榜。原来在 QQ 音乐排行榜中，有个"特色榜"，其中有个"网络歌曲榜"，该榜单当天的播放量是 990 万。

我点击进去，发现榜单中基本上都是司机听的歌，而且这些歌手的名字，我闻所未闻，除了之前在司机播放器中看到的歌手外，还有红人馆馆长、张大蕾、小乐哥、等什么君、杨胖雨、二两车厘子等。

而我经常听的放置主流乐坛最新热播歌曲的"地区榜"，其播放量远低于"特色榜"。

有意思的是，在 QQ 音乐排行中，"地区榜"是排在"特色榜"前面的。也就是说，打开 QQ 音乐的排行榜，用户最先看到的是"地区榜"，向下滚动才能看到"特色榜"。我不禁感叹，自己真是见识短浅、孤陋寡闻。

我明明是随着中国互联网的发展演化成长起来的一代人，却忽略了流行音乐中还有网络歌曲这样一个重要分支。早在 2001 年，就有非常火爆的网络歌曲《东北人都是活雷锋》；从 2002 年到 2004 年，《丁香花》《回心转意》《老鼠爱大米》《两只蝴蝶》《2002 年的第一场雪》等网络歌曲火遍大江南北。随着这些歌火起来的，还有网络歌曲这个类目。

截至今天，网络歌曲早已成为华语乐坛不可缺少的重要组成部分，拥有不输主流音乐的听众和不俗的播放量，而我却浑然不知。我曾看到这样一句话，"在中国，不论你认为某件事多么人尽皆知，都至少有几亿人还不知道"。

我当时看到这句话时并不觉得有什么，对这句话的深刻体会，还是在我对网络音乐有了新的认识后才有的。这句话反过来想，也许更有价值。不论一个领域发展得多么成熟，竞争有多么激烈，我们也总能找到机会。这里的机会不仅来自增量，也来自存量。

找不到机会，很可能是因为我们的视野局限于主流范围内，我们只顾盯着那些竞争已经白热化的部分。不要小看任何一个领域，很多被人忽略的细分领域，可能蕴藏着巨大的机会。在竞争已经白热化，甚至呈现出少量头部赢家通吃现象的市场中，我们依然可以找到机会。

要想在竞争异常激烈的成熟市场中崛起，就要学会运用错位竞争策略。所谓错位竞争，指的是当人们进入某领域时，不要直接参与这个领域肉眼可见的白热化的竞争中，避开主要矛盾，避开同质化，依靠自身独特的优势另辟蹊径，让自己从不同维度参与原本的竞争。通过错位竞争改变竞争格局，从而获得竞争优势。

我在人力资源管理领域中的竞争就采用了错位竞争策略，我之所以选择从图书市场和线上课程市场突破，正是因为很多人力资源管理专家只关注线下课程市场，在某个局部拥有很好的口碑和很强的影响力。图书和线上课程方面的优势能让我避开线下课程市场的正面竞争，从而形成竞争优势。

回到本节一开始的问题，原创歌手除了通过网络音乐这一渠道崛起外，其实还有很多错位竞争的方法。例如在 2020 年的综艺节目《脱口秀大会第三季》中，资历尚浅的王勉以音乐脱口秀的独特形式获得冠军。节目评委说："音乐脱口秀在世界上都非常罕见。脱口秀是舶来品，在中国起步较晚，中国的脱口秀有很多方向要向国外学习。如果中国的脱口秀能向国外输出什么，那大概率就是王勉的音乐脱口秀。"

很多参与比赛的脱口秀演员说："王勉不是在和他们比赛，而是在和自己比赛。王勉只要正常发挥，讲传统脱口秀的选手谁也比不过他。"节目上，一些明星纷纷表达了与王勉合作的期望。王勉用"音乐＋脱口秀"这种形式，不仅让自己获得了错位竞争的优势，而且为自己创造了一片"蓝海"。

1.1.3 中小城市，真的无法崛起吗

常有朋友问：我在小城市，怎么和大城市的人竞争？

在中小城市真的无法崛起吗？在大城市，真的更容易成功吗？城市规模对个人的成长与发展，到底有多大的影响？

网络上盛传的"城市鄙视链"就是一线城市的人鄙视二线城市的人，二线城市的人鄙视三线城市的人……加上互联网上很多人鼓吹"只有一线城市，才能给年轻人机会""逃离一线城市，永无出头之日"等言论，这让许多身处中小城市的人，觉得自己站在鄙视链的末端，没有崛起和出头的机会。

我并不认为个体应局限于城市鄙视链去思考自己的发展。个体崛起不能说与所处的城市毫无关系，但至少关联不大，就算有关联，城市也一定不是第一影响因素。

股神沃伦·巴菲特（Warren E. Buffett）住在哪里呢？他住在美国中西部内布拉斯加州的奥马哈市。那个城市是巴菲特的出生地，也是他长期居住的城市。这个城市在美国的地位相当于中国的五线城市。

巴菲特为什么要住在奥马哈市呢？他自己的解释是因为住在那里不用担心堵车，能节省时间，从而提高他的工作效率。在美国纽约或洛杉

矶这类大城市工作，人们每天因堵车浪费的时间动不动就有两个小时。巴菲特的伯克希尔·哈撒韦公司（Berkshire Hathaway）一年一度的股东大会都在奥马哈市举办。

每年世界金融行业的人都怀着崇拜的心态去奥马哈市参加这个大会。很多毕业于名校金融专业、土生土长的美国人，认为能亲眼见到巴菲特是一件万分荣幸的事情。但当他们听说大会举办地是奥马哈市以后，很多人都不知道奥马哈市在哪里。

不只在美国，在中国乃至世界上的很多国家，成功企业家都不是从一线城市发家的，他们的财富积累也不来源于一线城市，有的企业家也不常住在一线城市。出于一些需要，他们可能会把公司总部或分公司设在一线城市，但他们本人并不常在一线城市出现。例如阿里巴巴的总部在杭州，福耀玻璃的总部在福州，老干妈的总部在贵阳。

城市鄙视链根本不重要，食物链才重要。生物世界的食物链是指大鱼吃小鱼，商业世界的食物链是指商业生态环境中的强者"吃"弱者。食物链和地理位置没有关系。站在食物链顶端的人，他们需要在一线城市维持自己处于食物链顶端的地位吗？当然不需要。那些处在食物链末端的人，他们到了一线城市就能站在食物链顶端了吗？恐怕不见得。

例如一只猎豹，生活在非洲大草原上，它拥有基本的生存技能。突然有一天，它被带到了美国黄石公园，它会变成一只鹿吗？不会！适应新的环境需要时间，但捕猎者终究是捕猎者。如果一只鹿也生活在非洲大草原上，突然有一天它被带到美国黄石公园，它会变成一只猎豹去捕杀别的鹿吗？不会！它还是一只鹿。

不论是猎豹还是鹿，它们从非洲大草原（中小城市）来到美国黄石公园（一线城市），地理位置的变化不会让它们的生存技能发生本质的变化，也不会改变它们在食物链中的位置。这就是很多人在小城市发展不起来，到了大城市依然发展不起来的原因。

很多时候，生存与发展是矛盾的。过分追求生存，反而容易忽略发展。例如很多人迫于生计，做着自己不喜欢的工作，压抑自己的梦想，用时间换工资。大城市虽然整体工资水平比小城市高，但其生活成本和工作压力也比小城市大得多，个体虽然在大城市拥有了较高的工资，但要花大量时间解决生存问题，发展问题反而在无形中被忽略了。

当然，请不要误解，我不是说大城市不如小城市。我的意思是城市并不是个体要考虑的第一要素。如何提升自己在食物链中的位置，找到最适合自己的生态位，才是个体要考虑的第一要素！如果想不明白这个问题，去了大城市反而会更迷茫。

我在上海和威海都有公司，平时两地跑，但我大多数时间喜欢待在威海，理由和巴菲特选择居住在奥马哈市类似，因为威海环境好、空气好、不堵车。而与我合作的机构、服务的平台，几乎都在北上广深等一线城市。

物理地点并不会影响我和国内一流的资源交流合作，信息技术能让我的团队分布在全国各地，互联网和发达的物流网络能让我的图书、线上课程、线下课程、咨询项目等产品触及全国任何一个城市。时间才是我最宝贵的资源，是我产生价值的基础，所以我不会去一线城市让每天的堵车浪费我的资源。

有句话我很赞同："优秀的人，到哪里都优秀。"翻译过来就是："处在食物链顶端的人，到哪里都处在食物链的顶端。"

互联网视频创作领域的竞争早已白热化，从视频平台到视频创作者都承受着巨大的竞争压力。如何在视频创作领域脱颖而出？一定要到一线城市才做得到吗？不是。看看李子柒，她凭借极具田园气息和返璞归真感的视频，让自己成了"一股清流"，成了视频创作领域的头部 IP。

在视频创作领域的竞争已经白热化的情况下，李子柒反其道而行之，回归乡土，找到了一个属于自己的细分领域，把中国传统文化的诸多元素融入视频中，不仅彰显了中国的传统文化，而且把这种文化输出到国外，让外国人也赞叹不已。李子柒离开一线城市，到了乡村，却站在了视频创作这条食物链的顶端。

1.1.4　相同努力，如何使竞争力最大化

为什么付出相同时间、做出相同努力，有的人能迅速成为某个领域的头部，有的人却几乎没有进步？那些快速成长的人是如何获得竞争力的？个体应该如何增加单位时间创造的价值？

我到过中国的很多城市，发现了一个有意思的现象："磨剪子嘞戗菜刀"的吆喝声不论南方北方、不论当地口音如何，音调几乎全国一致，而"收破烂嘞"这句吆喝即便是在同一个小区，不同人喊出来的音调也各有不同。这让我不禁陷入思考，为什么会这样？

论市场份额，磨剪子和戗菜刀这两个产业的市场份额在收破烂产业面前，根本不值一提。难道磨剪子和戗菜刀这一行跟唱京剧或说相声类似，有祖师爷，要拜师学艺，要传承手艺，所以才会有标准化的吆喝声？

有一次聊起这个话题，一位非常年长的前辈解答了我的疑惑。他说这件事的源由应该是革命样板戏《红灯记》。

《红灯记》中有个人物，用磨剪子、戗菜刀的身份做掩护，"磨剪子嘞戗菜刀"这声吆喝是他的经典台词，其腔调正是全国现在通用的版本。

其实,电影《霸王别姬》中有个不起眼的桥段,里面也有这样一句全国现在通用的腔调的吆喝。

磨剪子和戗菜刀产业虽然比收破烂产业的规模小得多,并且随着中国的城市化进程,如今已经很少有这类从业者了,但这个产业的吆喝声却凭借一个"超级IP"深入人心,让所有人都认为这才是标准的吆喝腔调,影响了一代又一代中国人。当某个事物与某个大IP绑定时,这个事物的影响力将会倍增,这就是IP的价值。

这与本节要解决的问题有什么关系呢?"磨剪子嘞戗菜刀"与"收破烂嘞"吆喝声的差异,本质上就是小范围认知与大范围认知的差异。个体付出相同时间、做出相同努力,要想获得更强的竞争力,就要尽可能争取大范围认知。

例如我的一位朋友曾经说,他想做个人成长领域,于是他选择简书作为写作输出平台,每天除了写文章还花大量的时间和精力研究简书用户的喜好和简书的推荐机制。我当时告诉他这样做不对。因为简书是小众平台,他做的个人成长属于大众领域,就算在简书做到头部,商业价值依然有限。

花相同时间、做出相同努力,不如选择微博,因为微博既是大众领域平台,又有助于树立个人IP,形成私域流量。他当时没听我的建议,他觉得微博虽是大众平台,但竞争大,简书虽小众,但竞争小,结果做了1年后,他选择放弃简书,投身微博,如今才逐渐积累起影响力。

除了是否属于大众领域外,平台的资金实力、成立时间、定位、用户数量、用户类型、用户习惯等,都会影响对输出平台的选择。但总而言之,要想在付出相同时间、做出相同努力的情况下获取更强的竞争力,就要尽可能地争取大范围认知。

我有一个"黑板擦与光荣榜"法则，也遵循这个原理。

从幼儿园开始，很多学校都会把优秀学生的名字写在教室后面的黑板上，特别优秀的也会写在教室前面的黑板上。幼儿园教室的黑板上常常写的是某某同学获得了几朵小红花。小学、初中和高中的教室里，黑板上常常写的是本周的学习之星、进步之星、品德之星等。除了本班黑板外，学校为了鼓励优秀学生，还会定期在全校范围发布光荣榜。

班级黑板上的优秀更多来源于日常行为，更多地反映的是班主任对学生的评价。学校光荣榜上的优秀更多地反映的是某个结果，更看重客观事实。每个学校都有这样一类人，他的名字总上班级黑板，却很少上学校光荣榜；还有一类人，他的名字平时很少上班级黑板，却经常上学校光荣榜。

班级黑板代表小范围认知，学校光荣榜代表大范围认知。很多时候，争取经常上班级黑板付出的努力，与争取上一次学校光荣榜付出的努力是差不多的。如果时间和精力有限，一定要把努力全都用在想办法上学校光荣榜上，也就是获得大范围认知，而不是把努力用在平时上班级黑板上，也就是小范围认知。

上了黑板最怕什么？最怕"黑板擦"。因为谁拥有"黑板擦"，谁就拥有擦掉名字的权利。拥有擦名字权利的人，通常也是拥有写名字权利的人。

我之所以不推荐那位朋友在简书输出，也因为简书的首页推荐机制。如今，想在每个平台上获得流量都需要获得官方推荐。大平台推荐看的是数据，看的是用户喜不喜欢某个内容，而简书之前的首页推荐的权利掌握在少数人手中。

简书之前的首页推荐机制是这样的：用户写文章，要想获得推荐，要先投稿到官方话题。每个官方话题都有负责人，他们通常是兼职。官方话题负责人每天有一定的权利将数量有限、自己认为优秀的文章推荐到首页，让文章获得更多曝光，被更多的简书用户看到。

也就是说，官方话题负责人拥有推荐的权利。但是，官方话题负责人凭什么判断哪些内容是好内容呢？他凭什么判断谁的内容用户更想看呢？他凭什么帮用户做决策呢？假如某人想在简书崛起，获得流量推荐，第一步要做的究竟是研究怎么写好文章，还是怎么迎合话题负责人的审美呢？

上黑板的本质，是小市场、小组织、小范围内的成败得失，而上学校光荣榜的本质，是大市场、大组织、大范围内的成败得失。明白了上黑板和上学校光荣榜的区别，不仅有助于个人增强竞争力，而且有助于个人成长。

上黑板模式可以看作相对成长，上学校光荣榜模式可以看作绝对成长。相对成长，指的是近期、外部、易变的，依托于某种资源的成长；绝对成长，指的是远期、内部、坚实的，依托于个人能力增强的成长。

1.2 增强思考力的火箭模型

成功者有什么共性？这个问题有很多人研究。从不同的角度研究，会得出不一样的结论。我见过的所有成功者都有一个共性，那就是具备比普通人强的思考力。

思维决定行为，行为决定成果，成果决定命运，所以思维决定个体的命运。思维决定个体能走多远。如何增强思考力？要增强思考力，可以从底层假设、自证预言、认知框架和价值排序4个部分入手。

增强思考力的火箭模型如图1-2所示。

```
        价值排序

        认知框架

        思维模型1

        思维模型2

        思维模型N

        自证预言

        底层假设
```

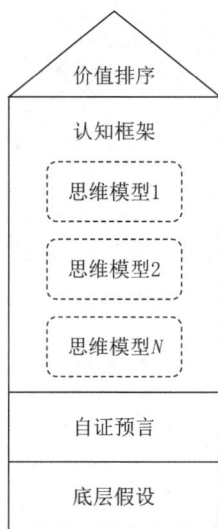

图1-2 增强思考力的火箭模型

在增强思考力的火箭模型中，底层假设是一级燃料助推器，决定火箭能否升空。自证预言是二级燃料助推器，决定火箭能飞多远。认知框架是躯干和三级燃料助推器，决定火箭能飞多快。人们常说的思维模型，属于认知框架的一部分。价值排序是头部指挥舱，决定火箭飞向哪个方向。

1.2.1 想不通时，如何突破思维局限

没有人能叫醒一个装睡的人，也没有人能帮助一个思维局限的人。究竟是什么限制了人们的思考？如何通过思维升级改变自己的行为模式？如何突破自己思维的局限？

华为公司总裁任正非说："没有正确的假设，就没有正确的方向；没有正确的方向，就没有正确的思想。"

每个人都有属于自己的底层假设，这些底层假设有的来自先天环境，

有的来自后天经验。底层假设发生在每个人的身上，深深地影响人们的思维和行为，却又不容易被人们察觉。人们如果无法冲破自己的底层假设，别人怎么帮忙都没有用。

我有个关系很好的发小，他家大事小事的宴请我都会参与。宴请一般是少不了酒的，也少不了敬酒和劝酒的环节。我滴酒不沾，所以承担着宴会后送人回家的任务。因为顺路，我有 3 次送发小和他的同事兼邻居小李回家的经历。

第 1 次，小李喝得不省人事。我发现他喝多了后皮肤红得异常，看着有些吓人，也许是他体内的乙醇脱氢酶（分解酒精的酶）比常人少，也可能是酒精过敏的一种表现。

我和发小说："小李酒量不行，以后别让人家喝了，聚会的目的是高兴，又不是喝酒。"

发小说："大家都知道小李酒量不行，就是一瓶啤酒的量。但小李这人很奇特，其实没人敬他酒，也没人劝他酒，他是自己跟着桌上其他人喝成这样的。"

第 2 次，小李喝了酒后能简单对话，我说："你酒量不行，何必要喝那么多呢？"

说完这句话后我有些后悔，因为很多喝醉的人听到这个问题的回答都是"谁说我酒量不行，我酒量大得很！我没醉！"

没想到小李这样回答："别人都在喝，我哪能不喝呢？这多不礼貌啊。"

我很惊讶："这和礼貌有什么关系？能喝就多喝，不能喝就少喝，怎么还关乎礼貌了？"

小李仿佛听不到我说的话，自顾自地说："不行，不行，那怎么能行，要跟着喝……"

第3次，小李又不省人事了。发小说："现在大家都知道小李不能喝，都劝他不要喝，他不听，非要跟着喝，搞得大家都不敢和他一桌吃饭。唉，以后聚会再也不叫小李了。"

酒桌上劝酒的情况很常见，但很多人劝不要喝酒的，还真少见。

小李的行为模式实际上源自他的底层假设。他的底层假设就如他自己所说：在酒桌上，别人喝多少，我就要跟着喝多少，不然就是不礼貌。

任何人都是基于底层假设思考和行动的。底层假设告诉人们为什么自己会这样看待这个世界，底层假设让人们自然而然地产生某种想法，驱动着人们行动。

人们思维的局限性，正是来自底层假设的局限性。人们行为的不理性，也来自底层假设的不理性。底层假设就像底层操作系统的代码，软件如果有问题，可以重装软件，但操作系统如果有问题，要么根本装不上软件，要么会让装上的软件无法正常运行。此时，人们的一切思维和行为都会有问题。

例如很多人有类似这样的底层假设。

（1）智商低的人一定不会有成就。对应思考：我上学时学习成绩就差，说明我能力平庸，所以我一生注定碌碌无为。

（2）没有资源的人一定做不成事。对应思考：我是普通家庭的孩子，不认识什么达官贵人，没有资源，所以我什么事都做不成。

（3）形象差的人一定没办法从事露脸的工作。对应思考：我的长相很一般，所以我不可能从事影视行业的工作，我就算拍了影视剧也不可能成名。

（4）机会都是留给年轻人的。对应思考：我现在已经40多岁了，什么都比不过年轻人，年纪大了，没机会了。

（5）男人天生就是比女人强。对应思考：我是个女人，就该相夫教子。我的事业做不好是应该的，赚钱养家的事就留给男人做吧。

这些底层假设显然都是比较负面的主观假设，长期任由这些底层假设"滋生"，它们会逐渐变成一种"信念"。一旦成为信念，思维就会僵化，将很难被改变。很多普通人无法崛起，正是因为他们的头脑中存在大量限制性信念（Limiting Beliefs），从而束缚了自己的思考。

想增强思考力，要做到以下几点。

（1）静下心来，发现自己思考过程中的底层假设。

（2）把主观的、负面的假设替换为客观的、正面的假设。

（3）找到那些已经成为信念的假设，把限制性信念转变为开放性信念。

至于如何突破限制性信念采取行动，我们将在第6章专门讲解。

知道了底层假设和限制性信念的原理后，个体要想崛起，首先要像为操作系统编码一样，给自己编出有利于个体成长与发展的底层假设。对有利于个体崛起的底层假设，要坚决保留；对不利于个体崛起的底层假设，要坚决删除。

我有5条比较积极正向的、有利于个体崛起的底层假设。

（1）每天做同样的事，只会得到相同的结果。如果对现状不满，必须做出改变。

（2）做每件事都有方法，找对方法，就能做成事。如果没有做成事，大概率是没找对方法。

（3）每个人都具备足够的资源来达成目标。如果资源不足，大概率是资源没有被发现。

（4）这个世界上没有失败，只有在行动并获得反馈后，发现暂时没有达成目标的情况。

（5）任何事都是多面的，有危机，也会有转机；有挑战，也会有机遇。

也许有人会说，为什么这些底层假设看起来像心灵鸡汤或成功学里面的内容？其实不论是假设，还是信念，解决的都是人"相不相信"的问题。如果一个人从骨子里就不相信这些底层假设，那采用什么方法都不起作用；如果一个人从骨子里就对这些底层假设深信不疑，那他成事的概率会大大提高。

1.2.2　有想法时，如何实现你的想法

对于每个羡慕我写了很多书的人，我都会鼓励他："写书不难，你也可以写书啊。"

然而我听到最多的回答是"不行，不行，我哪有那本事。"

我会接着说："我这样一个高中语文成绩常年不及格的人都能写书，还有谁不能呢？"

多数人的回应依然是"不行，不行……"

个体崛起，出书既是最好的增强势能的工具，又是非常好的社交工具。著书立说自古就是中国人树立个人品牌，让他人对自己建立强认知的最好方式之一。用自己出的书实现人情，更容易与他人建立信任。

我很喜欢鼓励周围有上进心的人写书，也常以自己举例来说明写书没有想象的那么难。写书不等于写小说，不需要写出惊世骇俗的故事。图书领域种类繁多，只要在某个领域有足够积累或有独到观点的人都可以写。出书的门槛其实没有很多人想象的那么高。

我高中时偏科严重，我的数理化成绩很好，但语文常年不及格。写书后我才发现自己的语言功底着实薄弱，都是靠不断写才逐渐提高的。可为什么很多人明明觉得写书很有价值，其本身也具备写作能力，却不行动呢？

心理学中有个名词叫自证预言（Self-fulfilling prophecy）。对个体来说，这个名词的含义是人们会不自觉地给自己或别人贴标签、定属性、做分类，认为自己或别人就是怎样的人，然后从现实中不断搜集证据证明自己的论断，从而让自己的论断真实发生。

例如我有个朋友，他很聪明，但不喜欢学习，玩游戏玩到能打比赛的水平，高考时只考上了专科。毕业后，他工作很卖力，领导和同事都很认可他，两年后就被提拔为主管。他晋升后不久我们聚会，那时我也刚做到人力资源经理的职位。

我感叹"80后"已经成了为社会创造价值的主力军，未来大有可为，而他很不看好自己。他觉得自己虽然一开始晋升快，但学历低，晋升后劲不足。这么多年过去了，他依然在那个公司做主管，他带出来的一个徒弟都做到总监的位置了。

如今聊天，聊到职业发展时，他依然认为自己是专科学历，没有前途。

我问他："难道你们公司就没有专科学历做到高管位置的人吗？"

他说："也有，但是很少。"

我说："那你为什么认为自己就不能是那类人呢？"

他说："我哪行啊……"

一切负面的自证预言，都有类似的句式：我不是 X，我不配得到 Y。

如果有人坚信自己是蝼蚁，那么他就会活成蝼蚁，而且会为自己成为蝼蚁寻找很多合理的证据。如果有人坚信自己是老虎，他大概率会活成老虎，就算因为诸多不可控因素，他最终没有成为老虎，他也不会活成蝼蚁。

《孙子兵法》说"求其上，得其中，求其中，得其下，求其下，必败"，意思是如果追求高标准，最后可能会得到中等标准，如果追求中等标准，最后可能会得到低标准，如果追求较低标准，最后必然什么也得不到。自证预言也是这个道理。

自证预言如果用在积极的方面，会产生积极的结果；如果用在消极的方面，则会产生消极的结果。心理学中的皮格马利翁效应（Pygmalion Effect，也叫罗森塔尔效应）就是自证预言的一种。

1960 年，美国心理学家罗森塔尔（Robert Rosenthal）曾在加利福尼亚州一所学校做过一个著名的实验。新学期，校长对两位教师说："根据过去三四年来的教学表现，你们是本校最好的教师。为了奖励你们，今年学校特地挑选了一批最聪明的学生让你们教。你们要像平常一样教学，不要让孩子或家长知道他们是被特意挑选出来的。"

这两位教师非常高兴，非常努力地教学。一年后，这两个班级的学生的成绩是全校最优秀的，比其他班学生的分数高出一大截。其实，这两位教师并不是全校最好的教师，他们是被随机抽出来的。他们教的学生的智商也不比别的学生高，这些学生也是随机分配的。

虽然这是一个美好的谎言，但学校对老师的预言，老师对学生的预言，最终都成真了。这说明每一个人都有可能成功，但能不能成功，取决于个体是否坚信预言。

不论自己是什么情况，首先不要把自己想得太差，找到自己的优势，任何人都有一个领域是别人比不上的。自证预言的正确用法，不是首先把自己想象成一个比较弱小的人，而是把自己想象成一个很强大的人。

很多人难以理解为什么我能出 20 多本书。其实在我还没出书时，我的自证预言就认为自己可以成为一个"著作等身"的畅销书作家。著作等身是个略显夸张的形容词，表示一个人出过的书很多。而我追求的著作等身，是不带任何夸张意义的。

如果把著作等身变成一个数学问题，我出的书的长度大约是 23.5cm，厚度为 1.5～2cm（平均为 1.75cm），我的身高是 174cm，所以如果把书竖着放，8 本书（174÷23.5 后取整）的长度就是毫不夸张的"著作等身"。如果把书平着放，大约需要出 100 本书（174÷1.75 后取整）才能"著作等身"，这也正是我的目标。

很多人看到 100 这个数字时会觉得吓人。理性地看，出 100 本书的目标能不能达成呢？当然可以达成，每年写 5 本书，20 年就能完成；每年写 2 本书，50 年就能完成。所以这件事最后会演化为一个数学运算问题和时间分配问题。

法国著名作家亚历山大·仲马（Alexandre Dumas）一生写过 300 多本著作。其实 300 是个非常保守的数字，关于大仲马究竟写过多少书众说纷纭，甚至有人说他的著作超过 1 300 本。世界上出书超过 100 本的大有人在，我为什么不能是其中之一呢？

其实放弃一切无关领域，把时间和精力都用在如何达成某件事上，又有多少事是做不到的呢？敢想的人就已经比那些不敢想的人离想法更近了。就算最后失败了又如何呢？

成功和失败都会让人成长，成功会让人"长叶"，失败会让人"长根"。只有一件事不会让人成长，那就是什么都不做。只要做，就对了，一定不会错。最大的错误，就是认为自己不是 X，不配得到 Y，于是就什么也不做。

1.2.3 有问题时，如何找到问题根源

为什么对同一件事，人们会有截然不同的解读？这是因为解读的角度不同，人们会得出不同的结论，产生不同的行为。这些行为有的有利于实现目标，有的不利于实现目标。面对问题时，如何客观地分析问题？如何找到问题的根源？如何进行有利于自身的思考呢？

每个人都会用自己的认知框架来解读这个世界。对相同事件的不同

解读源于人们不同的认知框架。

"写书哥"用了 1 年半的时间，微博粉丝数量便达到了 60 万。他的微博以文字类内容为主，属性为偏成长类的干货工具、做事方法和思考方式。"写书哥"在做微博博主的过程中，经历过很多挫折，我好多次都听他说想放弃，但他还是坚持了下来。"写书哥"对微博的评价是，微博是一个非常适合个体崛起的自媒体平台，文字类内容在微博上是有生存空间的，普通人也是可以在微博上通过文字类内容崛起的。

在"写书哥"做微博博主前，我有个朋友张三也断断续续地做了 1 年多的微博博主，他的微博内容与"写书哥"类似，但他的粉丝数量始终破不了 2 万，最终他选择了放弃。张三对微博的评价是，微博是一个泛娱乐平台，文字类内容在微博没有生存空间，普通人不可能在微博上通过文字类内容崛起。实际上，张三常抱怨自己不会修图，制作不出有视觉冲击力的图片；不会画画，画不出有趣的漫画；不懂摄影，拍不出优质的视频……

同样是做微博博主，为什么不同的人对微博有不同的评价？"写书哥"和张三对微博的评价，究竟哪个更准确呢？其实关于文字类内容在微博上有没有生存空间、个体能不能靠文字类内容在微博上崛起，根本不需要去统计数据，看一看微博上有没有这类成功案例就知道了。我们观察后会发现，微博上存在大量成功的案例。所以这其实不是"能不能"的问题，而是"如何能"的问题。

"写书哥"做微博博主，对微博的认知框架聚焦在"如何能"上，如图 1-3 所示。

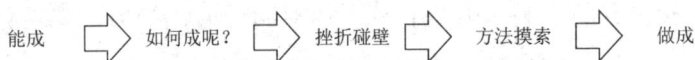

能成 ⇨ 如何成呢？ ⇨ 挫折碰壁 ⇨ 方法摸索 ⇨ 做成

图1-3　"写书哥"做微博博主的过程

张三做微博博主，对微博的认知框架聚焦在"能不能"上，如图1-4所示。

能成吗？　⇒　挫折碰壁　⇒　好像不行　⇒　挫折碰壁　⇒　看来真不行

图1-4　张三做微博博主的过程

张三做微博博主的经历，让我想起了学开车时，教练对我说过的一段人生哲理。教练说："新手开车不要总盯着障碍物，要聚焦在道路上，用余光关注障碍物即可。"

新手开车如果总盯着障碍物，通常有两种结果，要么直接撞上障碍物，要么在障碍物面前猛踩刹车，而没有注意到能从障碍物边上开过去。这就是为什么很多新手刚上路时要么容易追尾，要么容易突然猛踩刹车。其实做任何事都是这样，如果只盯着障碍，那满世界都是障碍，如果盯着道路，前途将一片光明。

前任美国心理学会主席、美国心理学家马丁·E. P. 塞利格曼（Martin E. P. Seligman）提出过一个概念——习得性无助（Learned helplessness）。习得性无助广泛存在于人类生活中，对人类的工作和学习有负面影响。

拥有习得性无助特质的人通常具备4类特点。

（1）低自我效能感：怀疑自己，认为自己不配、自己做不到。

（2）低自我概念：自我评价较低，态度消极、多疑、自卑。

（3）低成就动机：制定低目标，对失败的恐惧比对成功的渴望更大。

（4）消极定式：认为自己注定会失败，不论如何努力都无济于事。

针对习得性无助，塞利格曼后来开创了积极心理学这个流派，并提出了正确归因的概念。所谓正确归因，就是客观、理智地看待问题，既不盲目乐观，也不盲目悲观。如果对某个事件做了错误归因，人们就容易出现习得性无助的现象。

塞利格曼在《活出最乐观的自己》中把人分成了乐观者和悲观者。悲观者不仅容易把失败原因放大到看起来完全不可控，而且容易把自己或他人的问题放大；乐观者则相信人生有起有落，更容易找到失败的真正原因。

如何避免错误归因、避免习得性无助，做到正确归因？

塞利格曼提出了 ABCDE 法。

A（事件）：某次失败或某个不好的事件。

B（观点）：对这次失败或这件事的观点或看法。

C（行动）：接下来的想法，以及想要采取的行动。

D（反驳）：停下来，重新审视 B 和 C，然后反驳自己。

反驳自己时，要注意以下 4 点。

（1）证据：能不能找一些证据，证明自己的观点是错误的。

（2）其他可能性：关于这次失败或这件事，还有哪些是自己没想到的？

（3）暗示：不断暗示自己，客观地找出 A 和 B 之间的正确关联。

（4）用处：不断反问自己，当前的 B 和 C 对自己有用吗。

E（复盘）：不断重复 A → B → C → D 的过程，不断复盘和审视自己。

美国积极心理学家、哈佛大学心理学家埃伦·J. 兰格（Ellen J.Langer）在这方面也有研究，她把自己的心理学称为"可能性心理学"，她喜欢挑战不可能，喜欢引导人们在他们认为不可能的事情中寻找可能。

兰格教授在著作中提到了专念（Mindfulness）和潜念（Mindlessness）的概念。兰格教授提到的专念与医学教授乔·卡巴金（Jon Kabat-Zinn）教授提出的正念都用了 Mindfulness 这个英文单词。它们本质上指的都是一种自我发现、自我体察、自我认知的状态。潜念则是专念的反面，指的是不假思索、心不在焉、靠潜意识来思考与行动的状态。

卡巴金教授提出的正念更偏向于东方智慧，需要通过冥想和练习来达成。兰格教授的专念更偏向于西方智慧，不强调冥想和练习，强调要改变自己对这个世界的思考方式，并关注和复盘自己的思维与行为。在这一点上，兰格的观点与塞利格曼的 ABCDE 法如出一辙。

做任何事，方法都是第二位，思想才是第一位的。解决思想问题的本质，就是刻意构建自己的认知框架，重新审视自己看世界的角度，纠正自己想问题的方式。化"不可能"为"如何成为可能"，化"做不到"为"如何做到"。

1.2.4 想法多时，如何应对目标纠结

想法比较多、目标比较多时，该怎么办？如何应对目标纠结？如何理清行为动机？

互联网上有句流行语："小孩子才做选择，成年人全都要。"这句话的本意是为了搞笑。例如某人问一个小孩子："地上掉了一张 50 元、一张 100 元，你捡哪一张？"小孩子可能会从中选择一个。成年人会说："我全都要！"现实中什么都想要的成年人，很可能什么也得不到。

有一些人，在微博刚火起来时，投身做微博内容。微博内容还没做出起色，微信公众号火起来了，这些人又投身做微信公众号内容。后来抖音火起来了，这些人又去报班学拍短视频。结果他们手里自媒体账号一大堆，但一个真正有影响力的都没有。互联网上几乎所有具有影响力的自媒体账号都是先在单个平台实现单点爆发，流量稳定后再尝试转战其他平台。

有一个心理学现象叫鸟笼效应，讲的是有个人在自己的商店里的显眼位置摆了一个漂亮的空鸟笼，原本只是为了好看，自己喜欢。但一段时间后，

这个人通常会有两个选择，一是把鸟笼移走，二是买一只鸟放在鸟笼里。

为什么？因为很多到这家店的人看到鸟笼后都会问："鸟呢？"如果这个人回答从来没有养过鸟，人们会诧异地问："那你摆鸟笼干什么？"久而久之，在商店里的显眼位置摆一个漂亮的空鸟笼就变成一件很蠢的事。

生活中，人们难免会受父母、亲戚、同事、朋友等的影响。他们会告诉我们许多"社会的规范""人类的共识"，这些可能会让我们远离真正的自己，活成他们想要我们活成的样子。

了解自己，首先要学会独立。所谓独立，包括经济独立和思想独立。获得经济独立并不难，但获得思想独立并不容易。

我经常听周围有些朋友问："最近有个机会、最近有个项目、最近有个趋势，我应不应该参与呢？"能问这类问题还算好的，很多人是看别人做什么火了，就盲目投入，结果最后什么都没做成。

判断要不要做某件事，关键是看这件事符不符合自己的核心价值。如果符合，可以考虑做；如果不符合，那么就算这件事看起来再好也不要做。

人的资源是有限的，但人的需求是无限的，有限的资源与无限的需求之间的矛盾，必然要求人们做出选择。当人们做出选择时，内心应有标准，什么最重要，什么次重要，什么不重要，这就是一个人的价值观。很多人做选择时的纠结，找不到方向的苦闷，都源于没有形成清晰的价值观，只想模仿别人的人生。

价值观不是做事的直接目标，不是道德或伦理，也不是人们当前最大的需求。价值观是非常主观的，是人们对生活方式的排序，是人们行为的内驱力。价值观没有对错，它解答的是人们究竟想要什么、不想要什么的问题。生存环境和后天遭遇影响人们的价值观，所以每个人的价值观都不相同，价值排序也可能大相径庭。

弄清自己的价值观，做价值排序的步骤如下。

（1）拿出一张白纸和一支笔。

（2）找一个安静的地方。

（3）写下自己认为最重要的东西，或者自己最想成为的人。

（4）如果在第（3）步中写下了很多条，强迫自己对它们排序。

人生的财富积累是做加法，但人生获取财富的方向是有限的，要学会做减法。价值排序的核心思维，是集中优势资源，集中主要精力，先做排序靠前的事。

1.3　行动力就是变现能力

很多人眼中的一夜"爆红"，其实是夜夜坚持。很多人"夜来思量千条路，明朝依旧卖豆腐"。没有行动力，一切都是"白搭"。这个世界从来不缺有想法的人，缺的是能把想法真正落地的人。想法落地需要行动力，行动力也决定了个体的变现能力。当行动力比较差时，如何增强行动力呢？

1.3.1　如何心无旁骛地做事

有人问我："我的行动力很差。你写了那么多书，行动力那么强，怎么做到的？"

我说："因为'傻'……"

如果人生有两个选项，一个是"精明"地活着，另一个是"傻傻"地进步，我建议选后者，因为"傻"是增强行动力的好方法。

工作时，有个"精明"的"老油条"当着领导的面说："任康磊工作出色，能不能总结经验方法供同事学习呀？"

我当时"傻"，乖乖地把经验全都整理出来和同事分享了。

后来那"老油条"说："让这小子出风头！他都教给我们了，看他以后还有什么利用价值！"

创业后，有个"精明"的咨询公司老板对我说："有个项目，要看你的水平，把你的方法论总结发给我看看吧。"

我当时"傻"，乖乖地把 600 多页 PPT 全都给他了。

后来那个老板再没联系我，看他朋友圈得知他接手了那个项目，背景中放着我的 PPT。

从工作到创业，我一直"傻"到现在，不过傻着傻着，我成了畅销书作家，成了人力资源管理领域的头部 IP，商务合作不断。而当初的"老油条"同事一切照旧，咨询公司的老板濒临破产。

很多人说晚清名臣曾国藩不会打仗，因为他是文官出身，连马都不会骑。但曾国藩却率领湘军战胜太平天国，立下汗马功劳。曾国藩用的方法是"结硬寨，打呆仗"，这种看似最"笨"的方法，却最有效。日拱一卒无有尽，功不唐捐终入海。

有时傻一点，不是坏事。有时太精明，反而不是好事。这个世界从来不缺自作聪明的人，缺的是敢于承认自己不够完美，又愿意傻傻坚持的人。

某线下课程机构拉我进讲师群，讨论进军线上的宏图大业。机构老板看我做线上课程的经验足，便主动找我聊这方面的内容。第二天我就给了他一个方案，然后就没了动静。后来我看讲师群里大家每天都在聊伟大的理想，聊正确的废话。从春节聊到年底，聊了一年也没见谁真正做出什么。

群里有人说："线上课程赚不到钱了，只能引流。"很多人表示认同。真的吗？那为什么很多人的线上课程依然有不俗的收入？按这个逻辑，图书行业早就该没落了，如今谁还看书？可为什么很多人还能靠出版图书收入不菲？

人们总喜欢说选择大于努力，意思是过得不好时，可以怪自己的选择不对。做人力资源管理的人，说人力资源管理员是文员，自己做不好是因为选错了职业。同样是人力资源管理员，我朋友圈里年薪超过100万元的有10多个。收破烂的，说选错了行业，赚不到钱。同样是收破烂，每个城市都有"破烂王"，业绩上亿元的不计其数。

少想点，多做点，把时间用在把事情做好上，把精力用在如何成为头部上，不是更好吗？行不行不是想出来的，不是聊出来的，是做出来的。

我上一份工作入职时，老板已72岁，他48岁才开始创业。年逾古稀的他经历了无数沧桑，看起来质朴无华，实际却满含智慧。我和他聊天时，他也经常形容自己"傻"。

他说："当初真傻，不会喝酒，也不像别人会经营关系，业务发展没别人快。"

实际上，这家公司的主营产品已经是同类中的世界第一。

他说："当初真傻，如果做房地产，现在我们资产已经……非要做A项目。"

实际上，A项目非常成功，是中国第一，也是目前中国的唯一。

我问他事业成功的秘诀，他的回答简单而淳朴："干什么，就好好干。"

"干什么，就好好干。"其实不需要太精明，反而需要一点傻气。

这位老板的创业人生，让我想起了鸭子定律。我们看到的鸭子在水面上悠然自得，在水面下却一刻不停地拼命划水。很多人只看到别人表面的光鲜，却看不到别人背后的付出。

傻，其实是一种做事的智慧。

李嘉诚曾说自己成功的秘诀是让别人多赚一点。很多人做生意只想着让自己的利益最大化，不考虑上下游利益，结果没多久生意就做不下去了。李嘉诚则宁可自己少赚一点，让合作伙伴多赚一点，这样，大家才愿意和他做生意。他的生意才会越做越大。

什么是智慧？智慧是七分聪明，三分傻。

聪明过头，精于算计，吃亏的是自己。

带点傻气，埋头苦干，反而有所收获。

有句心灵鸡汤是这样说的：人要拼命努力，才会让自己看起来毫不费力。

用"拼命"来形容"努力"其实并不准确，还会吓退很多人。普通人的生活学习又不是打仗，没有你死我活，拼哪门子命呢？

不如说：人要傻傻地努力，才会让自己看起来毫不费力。

做人不如傻一点，傻傻地努力，傻傻地做事，傻傻地学习。

少说少想，多学多做，普通人才更可能做成不普通的事。

1.3.2　行动力弱，怎么办

很多人问我："任老师，为什么感觉你总是很有冲劲？为什么每次见你你都精力十足？为什么你那么有激情？为什么你做事有这么强的内驱力？"

我说："因为没有安全感。"

很多认识我的人都说我是"工作狂"，我确实是个对做事乐此不疲的人。经过反思，我的结论是由于成长或经历等原因，我缺乏安全感。这种底层感受被放入到情绪上，变成了一种情绪能量，推动着我行动。

想改变现状的强烈愿望给了我强大的行动力。我的家庭比较特殊，我从小是爷爷奶奶带大的，家里经济条件一般，除了温饱，其他都是奢望。这也许是我比较喜欢"折腾"的源动力，别人家孩子过得再怎么不好也有父母支持，多少有种安全感，而我没有，一切都要靠自己。

我上大学时，别的同学不愁吃穿、安心学习，我为了赚钱，业余时间发过传单，做过导购，当过家教，卖过电话卡，摆摊卖过饼干，还帮学习班招过生。后来奶茶刚兴起时，我和同学合伙在学校周围开了3家奶茶店。快毕业时，我赚了十几万元，当时天津市区的房屋均价才四五千元。

毕业前，我借了几十万元做了个B2B（Business-to-Business）项目，我拿下了天津总代理，结果借来的钱全赔进去了，还欠了几十万元的债。我后来进入人力资源领域，就是因为有这段经历。毕业季时我的同学都在找工作，而我在创业做那个B2B项目。我赔钱的时候，毕业季招聘过了，工作也不好找了。

我甚至一度去了洗浴中心做服务员，因为那里管吃管住。当时那家店还没开业，我就一直跟着培训。没等正式上岗，我发现隔壁超市在招储备干部，就过去应聘了，后来才知道那个超市在世界500强里能排进前50名。上岗后，我就像"抓住了救命稻草"，拼命工作，因为我不仅要还债，还要生存。

因为我应聘的储备干部是零售行业的基层岗位，所以工资特别低，我拿了半年1 250元/月的工资。我租的只能放下一张床的小阁楼每月的租金是600元，当时别说还债了，我连饭都吃不起。我现在回想起来，还能体会到那种绝望，除了拼命工作，真不知道还能干什么。店长看我工作很努力，觉得可以委以重任，就把我调到人力资源部，从此我一直从事与人力资源相关的工作到现在。

经历过那段很黑暗的时期，我是真的怕了，觉得不"拼命"不行。凭着这个劲头，我26岁时就成了一家员工超过3万人的大型上市公司总部的人力资源总监。我比别人早了10～20年得到这个岗位，不过，这也让我比别人更早体会到什么叫职业瓶颈期。

职场是有天花板的，我又不安于现状，怎么办呢？还完债后，我买过股票、买过基金，几乎尝试过各种主流的投资方式。2018年，我融资、融券、买股票，赔了 100 多万元。

一路磕磕绊绊走到今天，我有不少成功，也有不少失败，但无论如何，我的梦想和行动力没有丢。所以我的竞争力在日渐增强，影响力在逐渐增大，思考力也在不断升级。总结下来，我的行动逻辑如图 1-5 所示。

我的行动力的来源实际上是一套"算法"。对现状的不满促使我为自己不断设定目标。"缺乏安全感 + 设定目标"，让我具备了非常强的行动力。行动力不一定会带来好的结果。失败时，失败反而会进一步激发我的行动力；取得成功时，我就设定接下来的目标。这套"算法"自成一个增益式闭环系统，形成良性循环。

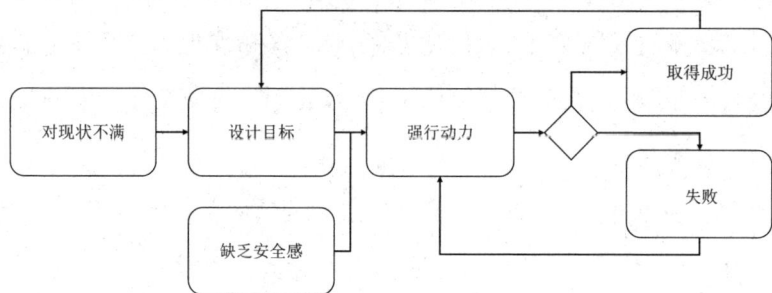

图1-5 行动逻辑图

其中，从缺乏安全感到强行动力，是借助情绪能量的过程。什么是情绪能量？情绪是人类最大的能量来源。

情绪是如何产生的？

情绪 = 期待 - 现状。

期待与现状之间的差距越大，产生的情绪越大，情绪带来的能量也就越大。我总是有意无意地让期待值更高，让现状值更低，于是不断产生对现状不满的情绪，从而驱动自己不断设定新的目标。缺乏安全感有助于进一步提高期待值，降低现状值。

实际上，情绪不仅与人的行为有关，还与人的记忆有关。很多人记不得多年前某件事的具体细节，却能记住当时的某种情绪，当时的情绪越激烈，与情绪关联的事物越重要，记忆越深刻。

美国心理学家基思·佩恩（Keith Payne）曾研究过情绪记忆法。佩恩发现，情绪记忆是人类最难刻意忘掉的记忆。《实验社会心理学杂志》（*Journal of Experimental Social Psychology*）针对情绪记忆发起过一项研究，研究结果证明情绪记忆是一种"越想忘掉越忘不掉"的记忆。

所以很多人问我为什么他们明知道做某件事对自己来说是好的，但就是不愿意做这件事，例如明知道学习对自己有帮助，但就是不愿意学习。我说是因为他们对做某件事毫无情绪或抱有负面情绪。例如学习，2018 年高考，河北考生王心仪以 707 分的成绩考入北京大学中文系。她的一篇《感谢贫穷》打动了无数人，其中有这样一段内容。

感谢贫穷，你让我坚信教育与知识的力量。物质的匮乏带来的不外乎两种结果：一个是精神的极度贫瘠，另一个是精神的极度充盈。而我，选择后者。我来自一个普通但对教育与知识充满执念的家庭。母亲说过，这是一条通向更广阔世界的路。从那时起，知识改变命运的信念便深深地扎根在我的心中。

《战国策·秦策》中有云："日中则移，月满则亏。物盛则衰，天地之常数也。"它的意思是任何事情到了圆满时，接下来必然会走下坡路。当人们认为自己站在山顶时，不论怎么走，都是下坡路。要想走上坡路，就要让自己时刻保持"缺"的心态。

就像学习，如果人们学习时觉得很舒适，没有情绪上的波澜，说明自己还待在舒适区，这时候学到的通常是自己以前已经知道的知识。学习新事物一定是带有情绪的，喜欢接受新事物的人通常带有正面情绪，不喜欢接受新事物的人一般带有负面情绪。

1.3.3　有拖延症，怎么办

许多人给自己制定目标后，拖延症发作而导致目标没达成。为什么人们总乐于做那些与目标无关的事情？比如看手机、玩游戏、听音乐等。因为这些事情改变了人类大脑的"快乐机制"。

天然的"快乐机制"是用来奖励人的生存和繁殖行为的，比如吃饭、性活动等，它使人类大脑产生舒服的感觉。这种"快乐机制"通过化学物质"多巴胺"来传递。但那些与目标无关的事情对大脑"快乐机制"的刺激远比人类正常活动的刺激快速、强烈得多。当人习惯于这种外界持续的强刺激给自己带来的快乐时，就很难再满足于天然的"快乐机制"产生的兴奋感了。

当人无法通过自己的行动获得感受和体验的快感时，就喜欢享受当下的小事情给自己带来的即时的满足感。例如有人想考英语六级、想考研、想考博，这一定需要经历一个漫长的看书、学习和不断练习的过程才能达成。

但人们往往看一会儿书就忍不住拿出手机刷刷朋友圈、聊几句天。因为通过做这些简单的事情，人能获得"即时的满足感"，而阅读、学习、提升自己带来的都是"延时的满足感"，短时间内不会让自己收获很大的满足感，所以人们就很容易放弃、拖延。

人之所以会有这种天生的"短视"，喜欢即时的反馈和满足感，是由人类生存和演化的天性造成的。几百万年前，人类还在茹毛饮血，资源稀缺，吃了上顿没下顿，大脑就会持续分泌化学物质，促使人类去寻找并摄入食物，食物的热量越高越好，脂肪储存得越多越好。如果没有这种机制，人类可能存活不到今天。

可远离原始社会后，人类进化出了更高级的控制单元，人类学会了计划，学会了为达成长期目标放弃短期利益。但人类大脑中原始的那种机制并没有消亡，它依然在时刻与更高级的控制单元争夺身体的控制权，促使人们孜孜不倦地寻求即时的满足感。

婴儿刚出生时最原始的生理反应就是哭和笑。饿了就哭，不给吃的就一直哭，吃饱了就笑，这就是即时满足的反应。同样，如果一件事能在短时间内看到反馈或成果，人们就很容易偏向于先做那件事。

这就是为什么学习一个小时很难，而嗑一个小时瓜子却很容易。因为每嗑一个瓜子都有即时的回报，每个嗑瓜子的动作都会得到相应的一粒瓜子吃，大脑的即时满足感很快就产生了；而学习一个小时，得不到明显的成果或反馈。

这就是为什么有人打开手机想要背单词，却鬼使神差地点开了微博和微信；为什么有人打开电脑想听讲座，却不知不觉地看起了电影和电视剧；为什么有人晚饭吃了不少，睡前却还是管不住自己伸向零食的手。这些行为的本质都是大脑的"原始机制"在作怪。

那么，要如何克服这种"短视"呢？简单说来，就是想办法用"延时的满足感"来替代"即时的满足感"。延时满足绝不是压抑自己的需要，只是适当地迟一些再满足，需要和自己的大脑做一个约定。

美国作家凯利·麦戈纳格尔（Kelly McGonigal）在《自控力》中提到一个方法：等待 10 分钟。在诱惑面前安排 10 分钟的等待时间，如果 10 分钟后还想要，那就可以拥有它，但等待的这个期间要时刻想着长远利益。这条策略可以总结为：创造一点距离，让拒绝变得容易。

这个方法还可以运用到那些"我要做"但又拖延的事情上。对于这类事情，你可以告诉自己：先坚持做 10 分钟，10 分钟之后如果觉得不想做，就可以放弃。但通常只要不是特别厌恶的事情，开始做了以后就很容易忘记 10 分钟的约定，不知不觉就会做很久。

有人可能会说这个方法在实际操作时很难执行。实际上难执行的原因在于人们对延时满足的估值不同，人们会不会做出延时满足的行为在于人们对行为在未来的估值的高低。

例如 A 对 B 说，1 年后，我给你 1 千万元，条件是在这 1 年里你不能使用手机。1 年不能使用手机的条件对大多数现代人来说非常苛刻，B 能做到吗？这要看 1 千万元对 B 的价值高低。假如 B 是马云，1 千万元对他来说价值太低，他大概率不会理会这件事；假如 B 是个普通上班族，1 千万元对他来说价值很高，B 大概率能做到。

人的大脑习惯给未来地奖励打折，但每个人给出的折扣率不一样。有的人折扣率比较高，未来的奖励对这类人的价值很低，所以他们比较容易选择屈从于眼前的诱惑；有的人折扣率比较低，未来的奖励对这类人的价值很高，他们更关注未来的奖励，并会耐心等待它的到来。

当我们受到诱惑，要做与长期利益相悖的事时，可以尝试想象一下：我们的行为意味着为了即时满足感而放弃了未来的奖励；想象我们已经得到了未来的奖励，未来的我们正在享受着自控的成果。问一问自己，你愿意放弃它来换取正在诱惑我们的即时满足感吗？这套方法是为了增加"未来的奖励"的价值，降低折扣率。

人们对未来的期待越大、越明晰，折扣率就会越低，人们就越愿意放弃眼前的利益而追求长期的利益。所以，知道自己真正想要什么非常重要。只有真正想要的东西能触发内心的动机，为了它，人们才有可能放弃即时的满足感。当一个人可以清晰地知道自己想要什么并能够时刻警醒自己时，他就可以"以终为始"地做那些重要的事。

1.3.4　自制力差，怎么办

许多人把自己的行动力差归因为自制力差或自我管理能力差。例如有人喜欢玩游戏，他认为是因为自己管不住玩性；有人喜欢吃，他认为是因为自己管不住嘴；有人想好好做事，可就是管不住自己。

这类人的心中有这样一种假设：只要自制力强了，能够管得住自己了，我就可以……，然后可以……，就能够……

于是这类人通过网络、培训班等各种途径学习自我管理的相关知识。仿佛他们学成后，自制力就强了，自己的命运就可以改变了。而现实往往是他们学来学去，最后却没有太大的变化。

问题出在哪里呢？是他们学习时不努力吗？不是。是因为他们的问题其实和自制力的强弱根本没有关系。

经历过高考的人都有这样一种体会。备战高考的那段时间几乎是自己人生中学习力和自制力的巅峰时期。那段时间自己似乎每天都可以没日没夜地做很多题，可以学习到很晚，到了第二天，依然精神抖擞，能够继续奋战。

奇怪的是，考上了大学后，不如以前那么紧张了，大部分人却变得懒散了，没有了之前的冲劲和毅力。这类人在假期中的状态更糟，暴饮暴食、熬夜看剧、晚睡晚起是家常便饭。

为什么会这样？因为没有目标了？因为生于忧患，死于安乐？这些是结果，并不是原因。人们以为问题的核心是曾经自制力非常强的人在一段时间之后自制力变弱了，这其实只是假象。真相是，保证人们高效运转的其实是"习惯"，而不是自制力。

想一想高考前那种紧张的学习氛围，人们被动地养成了多少习惯？大家每天规律地上课、自习、吃饭和睡觉。大家的目标非常明确，每个月、每个星期、每天需要学习或复习什么，老师们替我们规划和安排得非常好。

在那种环境下，人对一切都习以为常，就像每天早上起床后都去刷牙洗脸一样自然。想一想人起床后刷牙洗脸的过程，即使我们睡眼惺忪，这套流程也仍然能精确无比、毫不费力地执行下去。这个过程需要自制力吗？

同样，高考前的复习生活，不需要太强的自制力。但进入大学后，一切都变得比较自由了。没有了高中那种紧张的学习氛围，人们便忘记了那些被动养成的学习习惯，于是出现了各种自我放纵的行为。

另一个误区是，人们以为自制力一旦形成就取之不尽、用之不竭。其实人的自制力是有限的，就像肌肉力量一样。这个结论已被诸多心理实验证实。当人们饥饿难耐，面对一桌全都是自己喜欢的菜肴时，本来可以随便吃，却偏偏告诉自己要克制，不能吃；当人们在一个本来可以休假放松、享受生活的时刻，偏偏告诉自己要克制，不能休闲、不能玩。

面对这样的情景，人们每拒绝一次，其自制力就消耗一分，如果面对的诱惑太多，总会有一个时刻，人们会"累"到无力抵抗。自制力的强弱与智商一样呈正态分布。确实有人自制力超群，也有人自制力极差，但这两部分人在人群中都占较少的比例，绝大多数人都处在中间状态——不好也不坏。

肌肉力量有极限，自制力也有极限。生活中，人们面对的诱惑非常多，靠后天锻炼养成的自制力根本不够用。其实，精英群体的高效率并非因为其拥有超强的自制力，而是得益于后天构建的习惯体系。明确如何用有限的自制力构建习惯体系，形成自主自发的行为，才是好好做事的关键。

如何养成好习惯？我认为，一般可以从认知、行为和奖励3个层面入手。

1. 认知

认知是养成习惯的顶层条件，是指自己向自己解释"为什么"。比如，为什么有人要养成早睡早起的习惯？因为他们相信早睡早起对身心健康有好处。为什么有人要养成每天学习两小时的习惯？因为他们相信这样做对事业发展有好处。

相反，为什么有人对养成早睡早起和每天学习两小时这种习惯并不在意？这可能是因为他们骨子里不相信这与身心健康和事业发展有关系。实际上，它们有没有关系是"事实"，人们认为它们有没有关系是"信念"。强化信念有助于获得精神上的正向反馈。

2. 行为

养成习惯必须有规律地重复某个行为。例如，有人回家一开电脑，就会不自觉地先打开游戏；有人一到办公室，就会不自觉地先泡一壶茶。在养成新习惯的过程中，自制力就是用来修正那些会产生负面影响的旧行为，并将其替换为新行为的能力。

如果你平时有很多不好的习惯，在这个环节你会比较痛苦。例如你平时有睡前一小时玩手机的习惯，现在要改成睡前一小时看书。这将是与旧习惯的反复拉锯的过程。因为要养成良好的习惯不仅需要自制力去纠正旧行为，还需要在新行为结束时获得一定的正向反馈。

3. 奖励

奖励是养成习惯的重要一环。为什么坏习惯容易养成且难以改变？因为它们带来的奖励往往即时且明显。好习惯难以形成，恰恰是因为好习惯的短期奖励不够明显。

健身、学习、写作这些行为往往需要较长时间才能看到效果，有些人天生就能从过程中获得精神激励，但大部分人不能。所以我们需要适时给自己一些奖励：例如记录每天的成长和进步，时不时发个朋友圈鼓励一下自己，达成一些小目标时吃顿好吃的庆祝一下等。

人们每天绝大多数的行为源于习惯，就连思考本身也如此。在驱动行为方面，养成习惯比提高自制力更有效。

第 2 章

累积势能

一切变现都是势能转化的结果。做流量生意的人要以流量势能的转化变现，做产品生意的人要以产品势能的转化变现。在互联网商业世界，势能代表价值，直接决定了个体的变现能力。势能越高，单位时间内创造的价值越大，变现能力越强。持续累积势能的过程就是个体不断提升自我价值的过程。

2.1　势能的价值转化

很多人对势能的概念并不陌生，但是他们在有了一点影响力之后就着急变现，最终一事无成。势能并不是取之不尽，用之不竭的，选择正确的构建势能的方式，可以在变现的同时，让势能越来越高。构建势能的循环系统，能够让势能实现良性转化。

2.1.1　如何通过势能变现

物理学中的势能，指的是储存能量的状态。势能越高，代表储存的能量越多。关于这一点，我们可以想象有一只铁球，铁球的势能高低与铁球自身的重量成正比，与铁球距离地面的高度也成正比。所以相同质量的铁球放在不同高度时，高度越高，势能越高；在不为零的相同高度下，铁球的质量越大，势能越高。

根据能量守恒定律，势能可以转化成其他类型的能量。生活中比较常见的是势能转化成动能。想象一只铁球放在一个斜坡上，铁球放置的位置越高，其拥有的势能越高，顺着斜坡滚下后获得的动能越大；相同高度下，铁球的质量越大，顺着斜坡滚下后获得的动能越大。

势能转化成其他能量不仅是一种物理现象，也是互联网商业世界中个体变现的本质。势能越高，变现的能力越强。在互联网商业世界中，势能 = 流量 × 品牌。势能与流量成正比，与品牌价值也成正比。拿铁球来打比方，流量相当于铁球放置的高度，品牌价值相当于铁球自身的质量。

如何把一瓶普通的可乐卖出更高的价格？

同样的一瓶可乐，放在超市里卖，是可乐原本的价格，放在高级餐厅里卖，就可能卖出比超市高 10 倍的价格。为什么？因为位置不同，势能不同，高势能给可乐赋予了高价值，就能换来更强的变现能力。

商品变现如此，个体变现也如此。势能到底有什么用？势能最大的作用，是在面对众多价格类似、可以解决问题的同类产品时，能够使人很快决定选择哪一个。

以培训行业为例，同样是公开讲话传播思想或教人知识，拿劳务费的讲师的变现能力不如拿授课费的讲师，拿授课费的讲师的变现能力不如拿出场费的讲师。

在培训行业，有个很难听的词叫"讲课民工"，指的是靠每天给别人讲课维生，却赚得很少的人。这类人的特点是几乎每天都像普通上班族一样朝九晚五地讲课，月收入也像普通上班族一样。

很多人羡慕培训师的工作，认为培训师是一份高薪职业，于是在不具备势能优势，甚至资历尚浅时，就盲目地投身于这个行业，结果因为积累不够、经验不足，很容易沦为"讲课民工"。他们可能工作不断，但一直只能拿微薄的劳务费。

当然，"讲课民工"并不是没有未来，持续授课能够锻炼授课能力。一般随着对知识的深入挖掘，经验的不断积累，课堂呈现效果的持续优化，也会出现一批名师。但名师大多不是因为在培训行业做久了"熬"成的，而是积累了某个维度的势能逐渐变成名师。所以从本质上看，这是一场比势能的游戏。

从"讲课民工"到名师的转化是一场质变。成为名师后，讲课收入会转化为授课费。名师具备一定的势能基础，其授课机会具备一定的稀缺性。此时个体的商业价值显现，变现能力将大幅度增强。

势能积累到一定程度后，再在公开场合讲话，收入会变成出场费，变现能力将进一步大幅度增强。拿出场费的IP通常不轻易出面，而且出场费通常并不是这类人主要的收入来源。这类人的公开讲话具有很强的稀缺性，而且具备很强的聚集效应，会吸引很多人慕名而来。

劳务费、授课费和出场费，表现了势能大小对变现能力的影响，如图2-1所示。

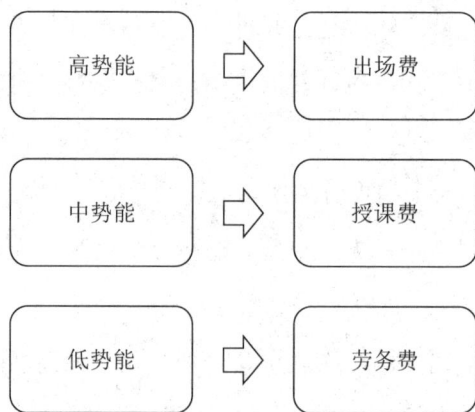

高势能	⇒	出场费
中势能	⇒	授课费
低势能	⇒	劳务费

图2-1　劳务费、授课费、出场费与势能的关系图

势能越高，变现能力越强。高势能对应着强变现能力，中势能对应着中变现能力，低势能对应着弱变现能力。实际上，势能的差距就是影响力的差距，是稀缺性的差距，本质上也是竞争力的差距。高势能带来强竞争力，自然而然会增强变现能力。

不论是追求通过副业赚钱的上班族、自由职业者、独立创业者，还是暂时无业的宝妈，任何一个想要在互联网商业世界实现个体崛起、提升个体价值、获得强变现能力的人，都有一个通用的方法——不断增强自己的势能。

2.1.2　如何有效积攒势能

要让势能持续累积，应该怎么做呢？

这个世界上的人有两种典型活法，一种是搭积木游戏式的活法；另一种是抽积木游戏式的活法。搭积木游戏是把积木搭起来，看谁搭得稳、搭得高、搭得美观。抽积木游戏是把已经搭好呈现出某个形态的积木依次抽出，谁抽完后积木塌了，谁就算输。

这两种积木游戏最后都是比输赢，但搭积木游戏玩到最后，输家虽然输了，却搭出了一个属于自己的积木形态。抽积木游戏玩到最后，赢家虽然赢了，但所有积木倒塌，除了赢的感觉外，什么都没有。

如果把搭积木游戏重复多次，就算某人每次都输，但他每次都能得到一个属于自己的积木形态，每次都有收获。如果把抽积木游戏重复多次，不仅不存在永恒的赢家，而且不论重复多少次游戏，所有玩家最后都什么都没有。

搭积木游戏的核心逻辑是积累，是做加法；抽积木游戏的核心逻辑是耗损，是做减法。选错了活法，就注定会输。选择了搭积木游戏式的活法，就算输，也有所收获。选择了抽积木游戏式的活法，就算短期内会赢，最终也必然会输。

个体崛起必须积攒势能，正确的积攒势能的方法是让自己玩一场搭积木游戏，而不要陷入抽积木游戏中。

当一个人玩搭积木游戏时，这个人就永远不会输；当一个人让自己陷入抽积木游戏时，这个人就算赢了一次也早晚会输。如何让自己立于不败之地，让自己永远不会输？那就是让自己玩一场搭积木游戏。真正的赢家不是赢了一次的人，而是笑到最后的人。输了一次的人不是输家，不论怎么玩注定会输的人才是。

如果你不明白这个道理，不论做什么，都很难获得发展。很多职场人士认为通过跳槽来升职加薪是职场发展的必由之路，然而这种情况成立的前提通常是跳槽到更小的公司，获得更高的薪水或职位，也就是将原来在大公司积攒的高势能变现。所以很多人虽然一路跳槽，他的薪水或职位都在升，但其所在的公司越来越小。

几年前有个朋友想拉我一起创业，做一个人力资源管理垂直领域的在线学习平台，相当于人力资源管理领域的"得到"App。他做这件事的底气是他运营着人力资源管理领域的微信公众号和微博，积累了几十万粉丝。

他希望我加入这个平台，做知识策划人，主要的工作是为平台设计课程内容体系，寻找和培养讲师队伍，帮助讲师们设计和审核课程内容。我的角色是在幕后打造平台，成就别的讲师。作为回报，我能获得比当前高20%的月薪和公司30%的股权，并且我的那位朋友口头承诺只要赢利，就会按股权比例给我分红。

我那时在一家上市公司担任人力资源总监，第2本书刚出版不久，销量还没起来，势能不高。当时我恰好有创业的打算，但没想好方向。有朋友劝我加入这个创业项目，说这样我就正好不用思考创业做什么了，可以抓住这个现成的机会。

我想了想，最后没加入这个项目，原因如下。

1. 不能累积我的个人势能

势能不等于能力或经验。这件事虽然能够在某些维度上增强我的个人能力和增加我的经验，但就算这个平台成功，也并不会让我本人获得比较高的势能和增值，这一点想想得到App就可以理解。得到App幕后的知识策划人是谁？这个问题也许只有得到App的深度用户才知道。但罗振宇是谁？很多从来不使用得到App的人也知道。

论创立知识平台的能力和经验，和罗振宇一起创业的得到 App 幕后的知识策划人就算比罗振宇差，也不会差太多，但罗振宇的个人势能显然远高于得到 App 的知识策划人。既然同样需要付出，我为什么不把时间用在累积个人势能，而要用在成就一个平台上呢？而且成就平台的核心逻辑与上班没有本质差异。

2. 决策和收入的不可控性

在股权管理中，有 3 个重要数字，分别是 66.7%（超过 2/3）、51% 和 33.4%（超过 1/3）。拥有 66.7% 的股权代表对公司有绝对控制权，可以决定公司的一切重大事项；拥有 51% 的股权代表对公司有相对控制权，基本也可以实现对公司的控制；拥有 33.4% 的股权就拥有一票否决权，虽然不能直接决策，但对股东会的决策有一票否决的权利。

我的那位朋友承诺给我 30% 的股权，30% 的股权代表什么？代表我没有实际话语权，只能听命于公司的整体决策。且不说这个平台年底很可能不会赢利，就算每年赢利，但如果公司决定不分红，把所有收益投入未来发展，我就一点办法也没有。

3. 失败风险和不可持续性

前面的很多分析是基于这个平台会成功的基础之上的，但创业的成功率是多少呢？很多资料显示，中国整体的创业成功率大约为 20%。如果做平台的过程不能为自己累积势能，一旦失败，满盘皆输。很多人甚至都不想把这段经历写进简历里，除了后来获得巨大成功的人，大多数人都不愿提及自己曾经创业失败。

那个朋友虽然有粉丝，想通过知识付费变现，但经过交流，我发现他显然没有想好整个商业模式。同时，他的粉丝数量的增长已经遇到瓶颈，当前的知识付费变现更多的是在现有粉丝中进行的。知识付费要想持续获得收益，要么不断产生新内容让老用户购买，要么不断寻找新用户购买老内容。

对寻找新用户，他没有太多的办法，所以压力将全部落在如何产生新内容上。但知识类内容本身就具有一定的消耗性，就算不考虑不同内容对付费用户的吸引力不同，就算把垂直领域的内容不断做深做细，也总有内容枯竭的时候。

我可以想象我参与这个创业项目后会出现的场景，一开始相安无事，而且业绩不差。但做着做着，销量开始下降，用户购买量减少，找不到新的增长点。他开始怪内容质量不行，我开始怪他不能持续吸引新的粉丝，而且目测这是个无解的问题。不具备可持续性，商业逻辑不通，这样的项目没有参与的必要。

我在思考要不要参与这个项目时，想明白了很多事，后来全身心地投入做自己的内容产品和个人 IP 建设中。做好自己，我很确定是在玩一场搭积木游戏；参与他的创业项目，我大概率是在玩一场抽积木游戏。

后来，我这个朋友找了其他几个朋友一起创业，我没有直接参与创业项目，而是以平台合作讲师的身份参与。几年后，这个学习平台项目果然出现了我说的问题。如今这个平台还在，但已经名存实亡。而且因为这种商业模式的门槛低，同时期先后出现了大量同质化的在线学习平台，竞争异常激烈，目前只有少数几个头部平台仍具备赢利能力。

而我在所有能投放的垂直领域的在线学习平台中都投放了我的线上课程。平台为了赢利，需要想尽办法推广优质师资的优质课程。同质化平台在竞争过程中，会观察不同老师的课程的销量。课程销量越高，平台越期望能主推。这就形成了马太效应，我的课程因为内容质量较高，在各大垂直领域平台都比较受欢迎。结果是每个平台都在推广我的课程，大量新进入市场的平台也期望能与我合作。

只要对我有利，我是乐于与这些平台合作的。我依然在玩搭积木游戏：平台越乐于推广我的课程，我的势能越高，我的曝光率也因此提高。用户在很多垂直领域的在线学习平台都能见到我，这种曝光对我的势能有所增益。

而很多平台都在玩抽积木游戏：很多平台只是在有了粉丝后，想到短期的赢利方式，却没想过长远的发展；这种耗损式变现模式很快就会走到尽头，最后很难剩下什么。

对于个体来说，如果你发现自己身处一场抽积木游戏中，一定要尽快抽身。个体要把自己置身于一个搭积木游戏中，让自己的势能得到不断提升。这时候就算变现对势能有一定的耗损，我们也可以通过搭积木不断补充势能。

2.1.3 如何防止势能耗损

只要变现，就意味着存在势能耗损。势能如果得不到补充，长期下去总会有耗损殆尽的一天。如何既持续变现，又让势能持续积累呢？

数学中有这样一道题。

有一个空的蓄水池，装有一个进水管和一个出水管。假如只开进水管，4小时可以把水池注满；假如只开出水管，5小时可以将满池的水放完。面对一个空的蓄水池，假如进水管和出水管同时打开，水池多久能够装满水？

4小时可以把水池注满，可知打开进水管后，水池每小时增加1/4的水；5小时可以将满池的水放完，可知打开出水管后，水池每小时会减少1/5的水。同时打开，水池每小时将增加1/20（1/4-1/5）的水，所以注满水池需要20小时（1÷1/20）。

这道题其实不仅是个数学问题，它还有势能建设和运用方面的隐喻。势能就像一个大水池，可以叫势能池。势能池也有两个口，一个是势能积累的进口，另一个是势能变现的出口，如图 2-2 所示。

图2-2　势能池示意图

势能积累是为势能做加法，势能变现是为势能做减法。当势能积累速度大于势能变现速度时，势能池里的水将不断变多。这是一个健康优质的势能转换过程，是搭积木游戏。当势能积累速度小于势能变现速度时，势能池里的水将不断变少，是抽积木游戏。

持续做势能积累，让势能池里的水持续增加，就算同时有部分势能在变现转化，但因为不断有新的势能补充进来，势能池也能够形成循环系统。形成势能循环系统后，势能才会不断增加，运用势能变现转化时才不会陷入抽积木游戏中，从而保持势能的持续性和有效性。

那么，如何搭建势能循环系统呢？关键在于管理好势能池的进口和出口。

在势能池的进口方面，要注意建立规划、设定目标和落实行动。

我身边有很多"学霸"，进入社会后不久他们就开始抱怨，怀念当初学校的生活。因为学校的生活有标准可以参考，不仅目标明确，而且实现目标的方法也很明确，能给他们带来确定性，他们只需要在应试教育的规则体系下努力学习并考出好成绩，就可以在这套系统中获得高势能。

然而社会系统是复杂的，一方面很多人进入社会后并没有势能积累的概念，另一方面就算他们有势能积累的概念，势能积累的方法也不像学校教授的知识系统那样明确。社会系统中的诱惑很多，大量的精神娱乐活动不知道该如何拒绝；机会很多，但好像又没有适合自己的；成功案例很多，但不知道自己能从中借鉴什么。

实际上，要想在社会系统中累积势能，只要提前制定规划、设定目标、落实行动，就能够把头脑中的某个抽象概念变成一个可执行、可实施的行为。例如，我累积势能的第一步发生在图书领域。为什么选择图书领域？原因有以下3点。

1.图书自古以来就是高势能的象征

出过书的人一定程度上比没出过书的人所具备的势能高。很多做人力资源管理咨询和培训的老师也出过书，这时候怎么让自己的势能变得更高呢？两个方法，一是大多数老师只出一两本书，我出了20多本书，在人力资源管理的各领域都做精做细，从数量上形成明显优势；二是大多数老师的书销量都一般，而我成了畅销书作家，在销量上形成了明显优势。

2.图书能够量化比较，且可以落实行动

出多少本书？主题是什么？写多少字？这些都能量化，而且能通过图书策划形成具体的目标和行动计划。这样就很像学习系统有明确的规则，只需要在这套系统下落实行动，就可以累积势能。例如某人的目标是在3年内成为图书销量达百万册的畅销书作家，那么他可以写1本书卖100万册，可以写10本书每本卖10万册，也可以写50本书每本书卖2万册。

3.图书具有持续性，可以持续累积势能

一本书出版后，在市场上的影响至少可以持续5～10年，某些个人IP的经典书卖几十年也很常见。写书是个边际成本很低的事，非常值得做。书在，势能的累积就在持续。我现在出版的图书每卖出1本，

就多 1 位读者，我的势能值就增加 1。我每多出 1 本书，就多了 1 个可以累积势能的渠道，势能增长的速度就会变快，相当于势能池的进水口变大了。

我喜欢以终为始，看自己希望自己在 5 年后、10 年后、15 年后和 20 年后分别是什么样子，想象那时候的画面，然后回到现在，我就知道现在要做什么了。这里注意，知道现在具体应该做什么，是一件非常重要的事。很多人正是因为没有这类规划，才会导致日常行为混乱、没有章法。

在势能池的出口方面，要注意以下 3 点。

1. 不要刚积攒起一些势能就急着用

对很多人来说，一开始的势能池是空的，刚开始的首要任务是多累积势能，而不是急着变现。例如有些自媒体刚有了一些粉丝，就急着开班或带货赚钱，在没有与粉丝建立起情感联系前，商业意图过于明显，很可能导致既没实现变现，还掉了一大批粉丝。

2. 不要滥用势能，不要为了变现没有原则，更不能放弃底线

很多人常说的"要珍惜自己的羽毛"就是这个道理，不然可能会让势能池瞬间清空。例如有些自媒体为了赚广告费，接金融产品、美容产品或减肥药等高投诉风险且难以判断产品质量的广告，他们很可能会因为这些产品出问题而口碑崩塌。

3. 发现自己处在抽积木游戏中时，立即停止

变现前，要想好商业模式和变现模式。变现可以，但不能让势能池出现净减少。例如当发现自己的变现效率下降，找不到适合的产品进行变现，不知道接下来该做什么时，要先静下心来思考规划。

2.2　获取势能的3个方向

如何获取势能呢？常见的获取势能的方法有 3 种，分别是搭建势能、借助势能和交换势能。搭建势能就像让个体崛起成为巨人，借助势能就像站在巨人的肩膀上，交换势能就像先为巨人服务，再让巨人为自己服务。势能并非只在单一的维度上存在，多维度的势能可以形成增益，让个体获得独特的竞争力。

2.2.1 如何搭建势能

搭建势能是最直接的获取势能的方法。如果自身能够成为某领域的专家，自然就能获取高势能。然而要注意的是，单纯的专家身份不等于高势能，因为专家身份的同类项依然较大。而且在互联网商业世界中，有些在某个领域有 3 年以上经验的人也会自称专家。所以单纯的专家身份并没有体现出区别。

搭建势能的方向是让别人认为自己是专家，但不能直接说自己是专家。如何做到呢？常见的方法有以下 8 种。

1. 出版书籍

出书是搭建势能最好的方法之一。一个人不论口头上说自己在某领域有多么专业，多么值得信赖，都不如出一本书有说服力。对于个体来说，出书能引发势能的质变，能让原本处在较低维度的势能瞬间升维。

2. 成为第一

人们很容易记住第一，却很难记住第二，第一能瞬间引起人们的兴趣。因此，成为某个领域的第一是搭建势能的绝佳方法。例如出版物销量第一、某平台线上课程的销量第一、"在行平台"上约见次数第一、某领域内的粉丝量第一、某类型文章的阅读量第一、某类服务的好评率第一等。

3. 创造成果

这里的成果指的是在本领域内处于头部，具备一定影响力的作品或产品。例如，在核心期刊发表过论文、在某著名影视作品中担任首席编辑、在某著名综艺节目中担任策划人、主持设计过某现象级产品等。

4. 权威位置

如果你曾经处在某个权威位置，也能够搭建势能。例如曾经担任世界 500 强企业高管，如在苹果、谷歌、华为、阿里巴巴、腾讯等知名企业担任高管；参与过某些权威项目，如曾经担任过麦肯锡、罗兰·贝格、埃森哲、IBM 等著名咨询公司的咨询顾问或者曾经有知名企业咨询项目经验。

5. 积累粉丝

在互联网商业世界中，"粉丝为王"。粉丝多相当于高关注度和高认知度。因此，在主流自媒体平台拥有大量粉丝也能够搭建势能。当你具备足够的粉丝数量时，就算不使用前 4 种搭建势能的方法，依然能够搭建起自己的势能。

6. 取得资源

取得稀有资源是搭建势能的好方法。例如获取某证书授权，成为考试培训机构 / 培训师；或者设计一套课程，并取得课程的版权。当课程内容较好、市场空间较大时，你既可以做培训方，又可以做课程授权方。

7. 证书认证

考取本领域内比较权威的证书，获得本领域权威机构的认证也是一种搭建势能的方法。例如被网友们称为"中国第一考"的注册会计师考试难度较大，这类证书在财务领域的含金量非常高；还有成为某权威机构的认证专家等。

8. 学习深造

如果学生时代没有取得名校的标签，可以继续学习深造，参与本领域相关权威机构的培训。例如学习一些商学院的 MBA 课程。

2.2.2 如何借助势能

除了搭建势能外，还可以借助势能，简称借势。借势相当于站在巨人的肩膀上，借用巨人的高势能。借势的原理是借力打力，快速建立起高势能与自己的关系，将高势能与自己"绑"在一起，从而让自己也获得高势能。

常见的借助势能的方法有以下 5 种。

1. 借助名人势能

借助名人的势能是最常见的借势方法之一。为图书寻找推荐人，就是借助势能的典型表现。有了推荐人，就等于拥有了名人背书。如果推荐人的势能足够高，就算图书作者名不见经传，依然能让图书获得高势能，从而获得高销量。

借助名人势能有以下多种表现形式。

（1）解读本领域头部人物的思想和经历。

头部人物的思想与经历具备较高的势能。例如企业管理领域可以解读马云、史蒂夫·乔布斯（Steve Jobs）、埃隆·马斯克（Elon Musk）、杰夫·贝索斯（Jeff Bezos）等，金融投资领域可以解读沃伦·巴菲特（Warren E. Buffett）、彼得·林奇（Peter Lynch）、乔治·索罗斯（George Soros）等，文学创作领域可以解读鲁迅、金庸、威廉·莎士比亚（William Shakespeare）、欧内斯特·米勒尔·海明威（Ernest Miller Hemingway）等。

（2）翻译本领域国外头部人物的著作。

本领域国外头部人物可能有很多还没有引进中国的著作，可以尝试联系头部人物，帮他们翻译作品，把他们的作品引进中国。例如人力资源管理名师戴维·尤里奇（Dave Ulrich）有本名为 *Human Resource Champions*（《人力资源转型》）的书，某咨询公司创始人李祖滨老师就参与了这本书的引进和翻译工作。

（3）解读本领域头部人物的著作。

解读本领域头部人物的著作也是一种借助名人势能的方法，具体形式可以是读书分享或领读。头部人物的著作可能很多人都没看过，看过的人也可能对其理解不深或记不住其中的要点，所以解读头部人物的著作有比较大的市场空间。在解读头部人物的著作时，可以将头部人物的观点与自身的经历与主张相结合，也可以化书成课。

2. 借助经典思想势能

除了借助名人的势能外，还可以借助经典思想的势能。所谓经典思想，指广为流传、深入人心、被大众认可的思想、学说或方法论。这些学说人们通常早有耳闻，但又不知道具体是什么意思，这种信息差可以形成高势能。

假如某人的专业领域是国学，诸子百家的核心思想的势能都可以借助，例如比较经典的有儒家思想、道家思想、墨家思想等。假如某人的专业领域是管理学，世界经营管理领域的核心方法论的势能都可以借助，例如比较经典的有精益管理、阿米巴经营、股权激励、合伙人制度等。

我的人力资源管理领域也有许多经典的方法论，如目标与关键成果法（Objectives and Key Results，OKR）、平衡计分卡（The Balanced Score Cards，BSC）、关键绩效指标（Key Performance Indicators，KPI）、人力资源合作伙伴（Human Resource Business Partner，HRBP）、组织发展（Organization Development，OD）、学习发展（Learning Development，LD）、人才发展（Talent Development，TD）等。

很多人力资源管理老师为了迅速获得势能，借助这些经典方法论为自己贴标签，相当于把自己与经典方法论绑定，让自己迅速在整个人力资源管理讲师生态中找到属于自己的生态位，借此实现高效率的单点突破。

3. 借助成功经验势能

每个领域都有一些成功经验可以借鉴，借助成功经验是一种借势的好方法。例如哈佛"学霸"的学习经验、GRE满分经验、苹果公司产品设计经验、阿里巴巴B2B铁军销售成功经验、小米公司创业成功经验、字节跳动公司用户增长经验等。

4. 借助甲方势能

合作过的甲方也是借势的来源之一，甲方的势能越高，越值得借势。例如苹果公司供应商、阿里巴巴公司合作伙伴、某知名游戏美工合作、某知名教育辅导机构合作师资等都可借助甲方的势能。借助甲方势能还可以起到体现自身专业性和经验的作用。

5. 带组共创学习

接近高势能者，或者主动聚集一批高势能者，与高势能者一起共创学习，也是一种有效的借势方法。例如聚集一批企业家建立私董会，并成为私董会教练；组织一批自媒体相互交流涨粉经验，相互支持和推荐；借助学习社群与高势能者建立联系等。

2.2.3 如何交换势能

除了搭建势能和借助势能外，还有别的获取势能的方法吗？有，还可以交换势能。聪明的人努力让自己获取高势能，机智的人能够借助高势能，智慧的人懂得交换势能。

乔治·伯纳德·萧（George Bernard Shaw）有句名言："你有一个苹果，我有一个苹果，彼此交换，我们仍然各有一个苹果；但你有一种思想，我有一种思想，彼此交换，我们就有了两种思想，甚至更多。"不仅思想交换如此，势能交换也如此。有效的势能交换不仅不会减少彼此的势能，反而能让彼此的势能增加。

常见的交换势能的方法有以下 2 种。

1. 相互推荐

高势能者相互推荐、相互帮助、相互背书，不仅能够形成势能的滋养效应，而且可以形成"报团取暖"的态势。很多自媒体大 V 相互帮助，自发形成流量矩阵联盟，时不时地相互称赞就是这个道理。

例如在视频网站哔哩哔哩（bilibili）上投放视频的人被称为"UP 主"，哔哩哔哩为广大 UP 主赋予了自媒体和社交的双重属性。官方不仅鼓励相同领域的 UP 主互动，而且鼓励不同领域的 UP 主相互推荐。这样做既能提高视频内容的丰富程度，又能增强粉丝黏性。

2. 资源交换

当双方的势能量级不对等时，可以用资源来交换势能。用资源交换势能就是用当前的资源获取对方的高势能加持。例如某自媒体用核心资源位展示某高势能者，自媒体获得报道高势能者的机会，高势能者获得免费曝光。

我有个朋友，本来名不见经传，经营一个不温不火的自媒体账号。他的赛道是个人成长与职场发展，这个领域的竞争非常激烈，有不少有巨大影响力的高势能"大 V"。如果没有高势能或独特的内容，一般人很难在这条赛道中领跑。

面对这个局面，他要如何崛起呢？他采取的方法是采访大 V，把大 V 的故事变成自己的自媒体文章，并且总结这些大 V 成功的方法论，将之变成自己的工具和方法论体系。到哪里找这些大 V 呢？这些大 V 为什么要接受他的采访呢？

他当时采取的主要方法有两个，一是到在行 App 上约见这些大 V，先以请教问题的名义付费约见，然后在谈话中说明目的；二是报名参加这些大 V 组织的各类付费课程。因为他态度诚恳、虚心求教，很多大 V

都愿意接受他的采访，并表示愿意把自己的成长故事放在他的自媒体文章中。

他先后采访了 100 位大 V。借着这个机会，他结识了这些大 V，让自己获得了强大的势能加成，而且把自己的自媒体账号做了起来。

2.2.4 如何应用多维势能

如何让势能具备最大的竞争力？如何在势能上实现错位竞争？在某赛道（领域）上成为头部后，变现方式有限，或发现是抽积木游戏，怎么办？

如果仅从单维度上理解势能，势能就像一个水池。如果从多维度上理解势能，势能其实处在一条赛道上。单维度势能的竞争力和变现能力通常是有限的。为了提高竞争力，增强独特性，已经在某条赛道上获取高势能的个体可以考虑在多个维度上建立势能。竞争力下降、同质化严重、变现能力有限、势能持续耗损等问题都可以通过多维势能来解决。

冯巩曾经说："相声界我演戏演得最好，演员界我导演导得最棒，导演界我编剧编得最巧，编剧界我相声说得最逗。这年头玩得就是综合实力。"这段话非常生动地说出了多维势能的作用。

单维度的势能往往有一定的局限性。例如学历上的单纬度，有人用毕业于清华大学这个单维度来建立势能，且不说在学历这个单维度上，清华大学并不是唯一的顶级学府，因为顶级学府还有牛津大学、斯坦福大学、哈佛大学等。

就算清华大学的势能在中国是最顶级的，这个单维度势能可能只在学习和与考试相关的教育培训领域中有效，而且清华大学每年的毕业生大约有 4 000 人，虽然数量不多，但单维度的毕业于清华大学并不具备特别明显的竞争优势。只有加上其他赛道的势能，才能增强竞争力。

例如"写书哥"的势能标签是这样的。

1. 清华大学毕业，擅长数据分析

毕业于清华大学的高势能说明"写书哥"是学霸型人才，为后半句"擅长数据分析"提供了证据。

2. 资深图书策划，年出版 100 多本书

图书策划的高势能说明了"写书哥"的主业，这能让很多有写书和出书想法的人眼前一亮。

3. 一年时间粉丝数从 0 涨到 20 多万

这说明了"写书哥"涨粉能力的高势能，很多人看到这句话第一时间想到的是"他是如何做到的？"这能让有涨粉需求的人眼前一亮。

4. 微博写作训练营拥有 3 000 多名学员

付费社群的高势能说明"写书哥"的课程质量高。"写书哥"的学员中，有很多是活跃的微博中小 V。加入他的课程，既能相互学习，又能相互支持，这让想抱团取暖的人眼前一亮。

多维势能可以形成交叉结构，让个人 IP 变得更综合、更立体，不仅能让自己从更多渠道被认识，而且能拥有更强的竞争力、更多元的产品、更多样的机会和变现方式。本质上，多维势能提供了更大的可能性和想象空间。多维势能有助于形成个人 IP 差异化，更有助于形成独特的个人 IP。

例如韩寒的标签是作家、导演、赛车手，他在这 3 条赛道中都成了头部。他通过作家赛道扩展到导演赛道，在导演赛道拍了 2 部电影并迅速崛起，当他把导演赛道和赛车手赛道融合时，他拍摄了第 3 部电影《飞驰人生》，如图 2-3 所示。

电影《飞驰人生》总票房 17.03 亿。作为电影圈的新人，韩寒可以算是非常成功了。多维势能让韩寒实现了错位竞争，甚至成功进行了跨界竞争。

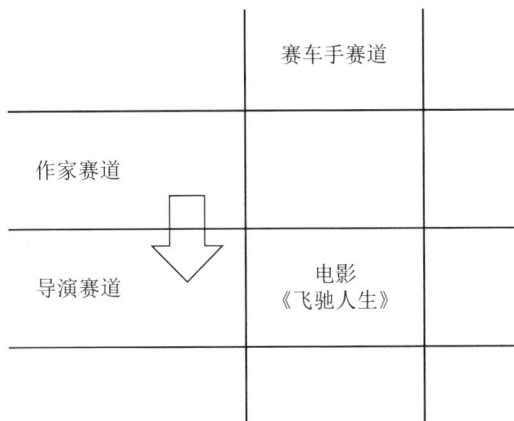

图2-3　韩寒的赛道与作品

《飞驰人生》是一部非常有韩寒个人风格的电影。电影中不仅有韩寒式的人物塑造方法、韩寒式的叙事手法、韩寒式的幽默表达，还充斥着大量专业的赛车知识。普通导演拍这类电影时很容易弱化赛车的专业性而强调故事，《飞驰人生》中的赛车知识却非常专业。

作家韩寒、导演韩寒、赛车手韩寒，韩寒成了作家中最会赛车的人，赛车手中最会拍戏的人，导演中最会写作的人。韩寒让自己活成了一个独一无二的个体，韩寒不像任何人，韩寒就是韩寒。

我自己也是这么做的。在我的个人简介中，我的势能标签通常会这样描述。

（1）中国人力资源管理品类图书市场总销量位于前列，是中国出版人力资源管理品类书籍数量最多，也是中国出满人力资源管理实战模块书籍的个人IP之一。（图书出版高势能）

（2）中国人力资源管理线上课程领域总学习次数位于前列，付费线上课程播放量超过100万次，免费线上课程播放量超过500万次。（线上学习高势能）

（3）常年为多家上市公司提供企业管理和人力资源管理咨询服务，上市公司企业家私董会成员。（线下咨询高势能）

（4）新浪微博百万粉丝大V，线上作品点击量超过1亿次。（自媒体影响力高势能）

（5）世界500强、百亿A股上市公司人力资源发展（Human Resource Development，HRD），15年以上管理经验。（管理职位高势能）

（6）工业和信息化部"质量品牌公共服务平台"专家。（权威机构背书高势能）

（7）注册国际高级职业经理人（CISPM，ACI认证），国际注册高级人力资源管理师（ICSHRM，ACI认证），国际注册高级职业培训师（ICSPL，AIVCA认证），国家一级人力资源管理师，国家二级心理咨询师。（证书认证高势能）

在企业培养这个领域，很多人只有单维度势能，局限性非常明显。例如很多人借助名企势能，给自己贴的标签是曾经在华为、阿里巴巴、腾讯等公司担任某个职位，有的人借着这个标签出过与名企相关的一两本书，就开始了授课内容与名企紧密挂钩的培训师生涯。

这种模式也许一开始是有效的，但时间一长，就变成了一场抽积木游戏。因为他们已经离开了名企，离开的时间越久，名企的标签越不能成立。这就是为什么很多人在离开名企后一开始做培训师，做了一段时间后发现接单量明显减少，后来就自己创业成立管理咨询机构，或者入职某管理咨询机构，成为管理咨询师。

最后需要特别提醒的是，多维势能虽好，但并不适用于所有人，尤其是当前还没有在某条赛道成为头部的人，不要企图在多条赛道上齐头并进建立高势能。你至少要在某条赛道上成为头部后，再考虑向多维势能发展。

2.3 人际关系圈就是商业价值圈

势能最终总能归结到人，优质的人际关系圈有助于累积势能。有句流传已久的老话是这么说的："一个人能取得多大的成就，看他身边的朋友就知道。"这句话说出了人际关系的重要性。人际关系圈中势能最高者的影响力，往往决定了个体能够获得的最大影响力。人际关系是资源，是可能性，是价值源泉。

2.3.1 如何建立人际关系

为什么有的人很难建立人际关系？建立人际关系的正确方法是什么？

很多人抱怨自己没有人际关系，也不知道如何建立人际关系。根据1967年斯坦利·米尔格拉姆（Stanley Milgram）提出的六度关系理论，世界上任何2个人间隔的关系，不会超过6度。也就是说，当某人想要与世界上任何一个陌生人建立关系时，最多需要找6个人。所以与其说自己没有人际关系，不如说自己从来没有主动尝试过建立人际关系。

建立人际关系要讲究方式方法，比较关键的方法有以下3个。

1. 人际关系是给予，而不是索取

我刚工作的时候还没有微信，常会见到一些西装笔挺的人到处和别人交换名片；有了微信以后，这类人开始到处加别人的微信好友。这类人的做法算是建立人际关系吗？当然不是！有对方的联系方式不等于拥有了和对方的人际关系。

这时候一定有朋友说，除了联系方式外，还要和对方联络感情。于是我们总能见到这样一类人，偶尔策划活动、组织宴请，把朋友们约出来聚会，活动中常常伴随着没有任何目的的聊天。这类人把这种做法看成联络感情、建立人际关系的方式。这样做能建立人际关系吗？

多数情况下是不行的。实际情况是，真的到了自己需要帮助的时候，才发现身边大多数是"酒肉朋友"，才顿悟自己在绝大多数情况下做的都是无效社交。

为什么会这样？因为很多人在建立人际关系的一开始就做错了。建立人际关系的第一步是站在对方的角度思考问题，而不能只站在自己的立场上。我们需要对方，但对方需要我们吗？很多人单方面抱着"我不会给你提供任何价值，但我想利用你"的心态去跟别人交朋友，这样的朋友谁敢交？

建立人际关系的本质是给予，而不是索取。建立人际关系不需要和别人成为生死之交，只需要自己在某些维度上能够帮助对方。如果不能给别人带来任何帮助，就不要期望别人能帮助自己。反过来，如果能给别人带来帮助，别人自然而然就会愿意和你建立人际关系。

2. 人际关系建立的条件，是对等交换

获取人际关系的最好方法，是让自己成为某个领域的头部，让自己拥有高势能。商业世界一切贸易的实质都是交换，人际关系也是如此。不能提供对等交换的人际关系很难建立，就算能够与这类人建立联系，也很难实现价值。

我写完第一本书时，期望能让某位大 V 给我写推荐语。于是我非常真诚地找了他 3 次。当时我以为是这位大 V 比较忙，没看到我的信息，还找到他的助理帮忙联系，结果这位大 V 完全不理我。当时我有些生气，现在回想起来，觉得他做得没错，是我当时太年轻。

商业社交沟通中有个现象：势能对等的人，才有彼此对话的可能性。普通人平白无故找任正非、马云、马化腾、王健林对话，几乎是不可能的。这些人之间才存在对话的可能性。势能对等的背后是势能交换的可能性，换句话说，有势能交换可能性的人，才有建立人际关系的可能性。

高势能人群的时间成本高，他们之所以能位列这类人群，也源于他们珍惜时间，懂得运用时间。低势能的人找高势能的人，从时间成本的角度讲，连让对方回应自己都不一定能做到，更不要说一上来就期望对方帮助自己或与对方建立人际关系了。

有段心灵鸡汤是这么说的："如果别人帮了你，你把这件事告诉了所有人，愿意帮你的人会越来越多；如果别人帮了你，你藏着掖着，怕别人知道，帮你的人说出来以后你还不高兴，愿意帮你的人会越来越少。"这段话在生活中也许是有效的，但在能够兑换商业价值的人际关系问题上是无效的。

可能有朋友会说："不对啊，经常听说一些高势能者帮助低势能者的案例啊。"是的，出现这种情况通常有 3 种可能。

（1）低势能者的某位亲戚或朋友是高势能者。例如比尔·盖茨（Bill Gates）从名不见经传到创业成功，得益于他母亲玛丽·盖茨（Mary Gates）的人际关系。

（2）低势能者具备在未来成为高势能者的潜质。例如马云当年找孙正义风险投资时，马云只说了 5 分多钟，孙正义就答应了。孙正义正是看准了马云未来会成为高势能者。

（3）帮助低势能者会让高势能者得到某种好处。例如，有的企业家定期参与一些论坛或讲座当分享嘉宾，给创业者讲课并答疑解惑，帮助一些事业刚起步的创业者找投资项目。这么做既能帮助低势能者，又能让自身得到曝光，增加别人对自己的认知，为企业品牌和个人品牌做宣传，还能为自身找到好的投资项目。

3. 关键事项兑现人际关系价值

使用人际关系是有条件的，而且是有一定耗损的。所以要在关键事项上兑现人际关系价值，不要在小事上耗损人际关系。类似朋友圈点赞、投票、砍价这类看似不起眼的生活小事是非常耗损人际关系的。

另外要注意，就算势能对等，也不要浪费彼此的时间。人际关系不是靠吃吃喝喝建立起来的。商务沟通中有个奇特的现象，做生意前，先要喝几次茶或喝几次酒，来来回回，正事不谈，先把形式做足。实际上有没有合作的可能性，交谈几句就能判断出来，不需要喝茶、吃饭。

基于这一点，很多无缘由请我喝茶或吃饭的同城企业家，我一概拒绝；3分钟内说不清楚缘由的电话，我会找个理由挂断。我的拒绝并没有让商务合作减少，反而越来越多，因为所有合作其实都可以在短时间内高效达成。

2.3.2　如何应用人际关系

很多人不是没有人际关系，而是有人际关系不会用。

要想有效应用人际关系，可以从3个维度入手，如图2-4所示。

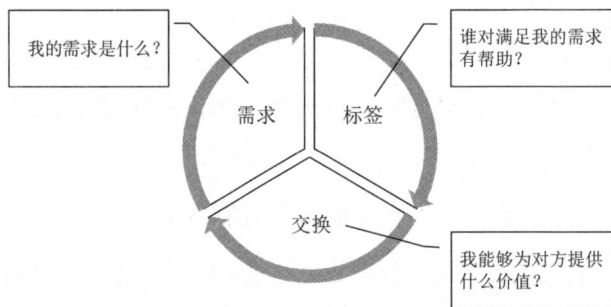

图2-4　有效应用人际关系的3个维度

1. 需求——我的需求是什么

应用人际关系的第一步，是确定自己的需求。这里的需求可以是短期需求，对应短期目标；也可以是长期需求，对应长期目标。很多社交正是因为一开始没有任何目的才沦为浪费时间的无效社交。

2. 标签——谁对满足我的需求有帮助

确定需求后，为了更精准地找到对应的人际关系，可以尝试给周围的人贴标签。当身边的人有了标签后，我们很容易快速找到需要的人际关系。贴标签不仅是应用人际关系时需要做的，管理人际关系时也可以使用。

3. 交换——我能够为对方提供什么价值

追求利己，先要利人。世界上没有免费的午餐，商业世界的人际关系永远伴随着交换。应用人际关系首先要想的不是别人能帮自己什么，而是自己能给对方带来什么价值。最稳定的人际关系状态，是双方都能够为彼此提供价值。

我与"写书哥"的协作就源于应用人际关系的3个维度。出书前，我最大的需求是让书籍顺利出版。如何做到呢？当然要找到出版人。为了找到出版人，我问遍了身边所有的朋友，朋友问了朋友，朋友的朋友又问了朋友，结果我与3位出版人取得了联系。

我与3位出版人分别联系，他们看了我的书稿后结论出奇地一致：想出书，就自费。但他们报的价格不一样。"写书哥"报的价格最低，而且我经过三方比较后，发现"写书哥"每年出版的书籍数量最多，其中不乏畅销书。

聊过几次后，我觉得"写书哥"这人挺实在，和我一样都是典型的"理工男"，我们的重点都放在事上，是做实事的人，于是我和"写书哥"开始合作。这时候，我和"写书哥"之间还不算建立了人际关系，仅仅是合作关系。

出书不难，只要写出来，符合出版条件，自费也能出，难的是如何把书卖出去。在图书销售方面，"写书哥"拥有资源和经验，懂得如何打造畅销书，这是我缺乏的。如果"写书哥"愿意全力相助，那么我的书大概率会成为畅销书。可是"写书哥"与很多作者有合作关系，他为什么要对我全力相助呢？

这时候就需要人际关系发挥作用了。与愿意全力为自己提供帮助的人形成的人际关系，才能称为人际关系。如何与"写书哥"建立人际关系呢？如果我能够为他提供其他作者不能提供的价值，他是不是自然而然地就愿意为我倾尽全力呢？那么，我如何为他提供其他作者都不能提供的价值呢？

出版人和作者合作，最看重作者的哪些特质呢？我的结论是，除了这个作者本身是否具备足够的认知度、粉丝量或影响力等势能要素外，还有3个关键点。

（1）作者是否愿意长期稳定地与自己合作。"写书哥"合作过的作者很多，成名后单飞的作者也不少。利益面前没有永恒的朋友，这让很多作者为了更高的利益而选择与其他人合作，这是出版人的痛点。如果我愿意与"写书哥"长期稳定地合作，就能够节省他找作者的时间成本，为他创造价值。

（2）作者是否能够长期稳定地输出高质量内容。对绝大多数作者来说，写三五本书已经算多的了，所以出版人需要不断寻找新的选题和新的作者。但如果有个作者可以包下某领域的所有选题，可以持续稳定地输出专业度高、创新性高的高质量内容，就能为他增强赢利能力，为他创造价值。

（3）作者是否能够为自己代言，能否反过来滋养自己。出版人很像艺人经纪人，需要成就作者。作者的成就越高，出版人的光环越大，愿意与之合作的作者就越多。所以出版人期望扶持潜力大的作者。"写书哥"成就我，其实也是在成就自己。我的价值越大，"写书哥"取得的价值也会越大。

基于以上3点，我和"写书哥"从不认识到建立了稳定的人际关系。我们彼此从人际关系中获得了价值，彼此成就。

追求不可替代性在人际关系的应用中不仅成立，而且是用好人际关系的关键法门。要想有效应用人际关系，需要充分发挥自身优势，用自身优势弥补对方的短板，想办法为对方提供独一无二的价值。

2.3.3 如何管理人际关系

当人际关系较多，杂乱无章时，应该如何管理呢？

每个人的一生都会遇到很多人，有的我们能够与其建立人际关系并长期稳定合作，有的则不能。面对如此多表层或浅层的人际关系，必须实施有效的管理，才能运用有限的时间，让人际关系圈发挥最大的作用。对人际关系的管理，就是将人际关系分门别类，对不同的人际关系，采取不同的应对策略。管理人际关系有以下 3 个常见工具。

1. 人际关系价值判断分类

人际关系有价值高低之分。要判断人际关系的价值，我们可以采用维度和势能的双维度分类法将人际关系价值分为 4 类，如图 2-5 所示。

图2-5 人际关系价值判断分类

人际关系价值与势能高低和维度多少成正比关系。势能越高，维度越多，人际关系价值越高；势能越低，维度越少，人际关系价值越低。多维度、高势能的人际关系是价值最高的优质人际关系；单维度、低势能的人际关系是价值最低的普通人际关系。

根据人际关系价值判断分类，人际关系价值的大小通常呈现出如下关系。

多维度、高势能的人际关系＞单维度、高势能的人际关系＞多维度、低势能的人际关系＝单维度、低势能的人际关系。单维度、高势能的人际关系＞多维度、低势能的人际关系的原因是势能的优先级和权重大于维度的优先级和权重。只有势能达到一定的高度，多维度才能成立。没有高势能支撑的多维度与单维度通常没有明显差异。此时的多维度反而可能是低势能的原因，很容易浪费时间。正所谓"样样通，样样松"。

有了人际关系价值排序之后，我们就可以根据人际关系价值的大小采取不同的应对策略。

我们对于多维度、高势能的人际关系，一定要重点花时间和精力去维护，最好选择在人际关系所在的某个维度上与其建立长期稳定的协作关系。

我们对于单维度、高势能的人际关系也要珍惜，最好在人际关系所在的单维度上与其建立长期稳定的协作关系，如果不能，可以与其保持弱联系。

我们对于多维度、低势能和单维度、低势能的人际关系，可以先与之保持弱联系。对其中的高潜力者，如果条件和能力允许，可以帮助其在某个单维度上寻求突破，获得高势能。

2. 人际关系价值应用分类

判断出人际关系价值后，我们需要对不同价值的人际关系进行应用。根据价值和互动频率，人际关系可以分为4类，如图2-6所示。

根据人际关系价值应用分类，对不同人际关系的重视程度通常呈现出如下关系。

高频率、高价值的人际关系＞低频率、高价值的人际关系＞高频率、低价值的人际关系＞低频率、低价值的人际关系。人际关系价值的重要性高于互动频率。不论高价值人际关系的互动频率高还是低，我们都应格外重视。同样是低价值人际关系，我们对高频互动人际关系的重视程度应高于低频互动人际关系。

对于高频率、高价值的人际关系，必须与之建立长期稳定的协作关系，培养相互支持、相互信任的伙伴关系，实现共赢。

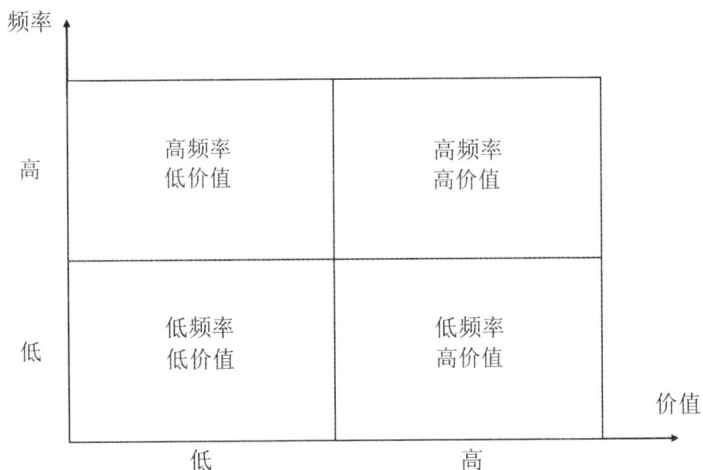

图2-6　人际关系价值应用分类

对于低频率、高价值的人际关系，协作时要全力投入、以诚相待，协作后要保持长期的弱联系，以备不时之需。

对于高频率、低价值的人际关系，需要保证这类人际关系数量充足，当协作出问题时有其他人际关系能够及时补充。

对于低频率、低价值的人际关系，只需要保证人际关系能够满足当下需求即可，可以考虑通过外包与协作满足这类人际关系的需求。

3. 人际关系业务合作分类

当人际关系价值相似或不考虑人际关系价值的差异时，个体与人际关系合作的业务种类和合作期限影响着人际关系的应对方式。根据人际关系与自己合作的业务数量以及是否长期合作，人际关系可以分为 4 类，如图 2-7 所示。

根据人际关系业务合作分类，不同人际关系的重要程度通常呈现出如下关系。

图2-7 人际关系业务合作分类

多业务、长期合作的人际关系＞单业务、长期合作的人际关系＞多业务、短期合作的人际关系＞单业务、短期合作的人际关系。合作期限长短的优先级高于合作业务数量多少的优先级。不论合作业务多少，长期合作的人际关系都比短期合作的人际关系更重要。

对于多业务、长期合作的人际关系，我们要特别重视，将其作为核心人际关系圈。

对于单业务、长期合作的人际关系，我们要维护关系，将其作为重点人际关系圈。

对于多业务、短期合作的人际关系，我们要保持联系，将其作为次级人际关系圈。

对于单业务、短期合作的人际关系，如果时间有限，我们可以考虑外包或协作。

需要注意的是，在人际关系业务合作分类中，我们没有考虑人际关系的价值差异，默认工具中所有人际关系的价值是相近的，不存在人际关系价值差异较大的情况。如果人际关系价值存在差异，需先做人际关系价值分类。

个体在应用管理人际关系的 3 个工具时，可以分为以下 3 步。

（1）分别根据 3 个工具的分类逻辑对人际关系进行分类。

（2）将不同类别的人际关系名字写入对应的格子中。

（3）根据自身情况，设计不同人际关系的应对策略。

我们管理人际关系的过程中可以一并给人际关系贴标签。除了用以上 3 个工具对人际关系进行分类管理外，我们还可以给人际关系贴上专业领域标签或功能标签。

2.3.4 如何获取人际关系

当觉得自己缺乏人际关系时，如何获取人际关系呢？

我们对人际关系进行分类管理并贴上标签后，若发现自身有需求，但缺失这方面的人际关系时，应想办法主动获取满足需求的人际关系。常见的获取人际关系的方法有以下 3 种。

1. 资源盘点

从六度关系理论可知，每个人身边都可能蕴藏着巨大的人际关系资源，都存在着无限的可能性。不要让人际关系"沉睡"，深入挖掘身边的人际关系资源，往往会有意外的惊喜。要发现身边的人际关系资源，可以按以下步骤实施。

（1）明确自己的人际关系需求，并给需求贴上标签。

（2）分别找到自己身边与人际关系需求最接近的 3 个人，并给他们贴上标签。

（3）思考他们的标签能给自己带来什么，他们可能链接到谁。

（4）思考自己具体应如何向他们请求帮助，具体需要他们提供什么资源。

（5）思考自己能为他们提供什么价值，这些价值是他们感兴趣的吗。

当我们没有比较明确的人际关系需求目标时，也可以用以上步骤来盘点当前的人际关系资源。此时可以把第 2 步中的"分别找到自己身边与人际关系需求最接近的 3 个人"改为找到自己身边势能最高的 N 个人或关系最好的 N 个人，然后盘点通过这 N 个人如何扩展人际关系。

2. 人际关系互换

俗话说："多个朋友多条路，多个冤家多堵墙。"萧伯纳关于苹果和思想的名言不仅适用于势能，也适用于人际关系。张三拥有自己的人际关系圈，李四也拥有自己的人际关系圈，张三和李四建立人际关系后，他们的人际关系圈都会得到扩充。人际关系会随人际关系圈的不断扩展呈现指数级增长。

假如张三拥有 A 人际关系资源，李四拥有 B 人际关系资源。张三需要 B 人际关系资源，李四需要 A 人际关系资源。这时，就算张三与李四原本并不熟识，也可以基于彼此拥有的资源和需求建立人际关系。

没人会嫌自己的人际关系多，只要本着互惠互利的原则，利己的同时能够利他，就可以通过互换人际关系，扩充人际关系圈。在势能对等的前提下，能够实现资源互补，且没有任何一方出现损失，这样比较容易促成人际关系的互换。在对方势能较高时，我们可以先积累自身的势能，争取在与对方势能对等后，再实施人际关系互换。

3. 主动出击

获取人际关系和市场营销在本质上是一样的，都是做销售。二者最大的不同是，市场营销主要是为了卖产品，获取人际关系主要是为了"卖自己"。既然获取人际关系的本质是销售，就要有一定的积极性和主动性，不能守株待兔，不能宅在家里等着人际关系来找自己，而要主动出击。

如果有明确期望建立人际关系的目标，可以采取以下方法。

（1）进入目标人际关系所在的人际关系圈，"混个脸熟"后与其取得联系。

（2）报名目标人际关系举办的活动或课程，以求教的态度与其建立连接。

（3）了解目标人际关系的行程，与其参与同一个活动，借机结识。

（4）通过认识目标人际关系的朋友引荐，或者通过朋友的朋友引荐。

（5）如果目标人际关系支持付费约见，可以通过付费的方式直接与其见面。

如果没有特定目标，可以采取以下方法。

（1）主动联络本领域最大的自媒体平台。

（2）加入本领域最大的几个社群。

（3）参与本领域最大的线上或线下活动。

第 **3** 章

商业模式

　　商业模式的核心是规划与选择，不论是个体创业、自由职业还是副业，都需要有效的商业模式的支持。商业模式并非放之四海皆准，适合别人的商业模式不一定适合自己。找到适合自己的商业模式，在相同的努力下可以获得更高的价值回报。本节将介绍4种高价值回报的商业模式，这些商业模式适合不同情况的个体。

3.1　同心圆模式

同心圆模式也叫个人IP模式。对很多聚焦在某专业领域的个体来说，也可以看成"专家型生意"。同心圆模式的特点是通过打造个人IP，围绕个人品牌延伸出各类产品，通过产品链接到关联方，与关联方一起吸引终端用户。

3.1.1　什么是同心圆模式

同心圆模式是非常适合个体构建的商业模式。通过构建这种商业模式，个体只需要保证自身有势能、有产品、有竞争力、有成长性、有稳定的合作伙伴，就能保证商业模式稳固，并具备持续稳定的赢利能力。

我的商业模式就是同心圆模式，如图3-1所示。

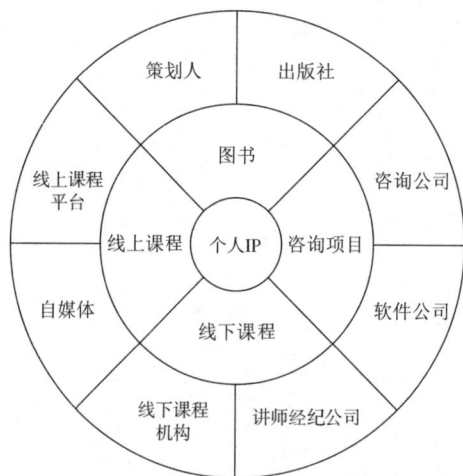

图3-1　我的商业模式示意图

围绕最内圈的个人 IP，我的商业模式的外圈有 4 类主要的产品与服务，分别是图书、线上课程、线下课程和咨询项目。这些产品与服务要想获得比较强的变现能力，在最外圈就需要有合作机构。实际上，我之前有自己的团队，后来发现管理成本较高，就逐渐变成了与机构合作。

与图书相关的合作方有策划人和出版社；与线上课程相关的合作方有线上课程平台、自媒体等线上流量型组织；与线下课程相关的合作方有线下课程机构（有能力组织公开课或内部培训）、讲师经纪公司等线下资源型机构；与咨询项目相关的合作方有软件公司和咨询公司等具备企业客户资源的乙方。随着合作的深入，最内圈逐渐延伸出更多的产品与服务，同时形成了产品间的串联和相互滋养。

我的势能越高，产品就越被市场认可，合作机构与我合作的意愿就越强，合作关系就会越紧密。当所有合作机构都能通过我持续获利时，我们会持续形成合作关系的正向反馈。此时所有合作方都期望我的势能能越来越高，并且愿意投入一定资源帮我构建势能，从而建立起稳定的合作共赢关系，进一步巩固这个商业模式。

3.1.2　直播电商的同心圆模式

我的同心圆模式是先由内向外，再由外向内的双向循环，也就是首先我的个人 IP 具备一定的势能，形成产品或服务，再扩展到合作方，通过与合作方合作共赢，反哺我的个人 IP。

还有一种同心圆模式是先由外向内，再由内向外。外部先滋养内部，内部再反哺外部。直播电商就是这种模式，薇娅和李佳琦的背后，都是这套商业模式。直播电商的同心圆模式如图 3-2 所示。

在直播电商领域，带货主播处于中心位置，围绕着带货主播的有一整套招商宣传、商品选品、供应链管理、价格谈判、大客户管理、售后管理、形象管理、流量公关等专业团队或合作机构。

图3-2　直播电商的同心圆模式

很多不了解直播电商的真正的商业模式的人，以为直播电商是因为带货主播的势能很高，所以才有了高成交量。还有人把带货主播看成"会说话的详情页"，以为只要形象够好、能说会道、拥有流量，就能做直播。于是一些具备这些条件的人怀揣着美好梦想开始直播带货，结果却惨淡收场。

实际上，薇娅和李佳琦成功的背后，除了有资本的支持外，还有专业团队和合作机构的支持。带货主播背后那些看不见的商业模式和运作机制，才是这个行业的核心竞争力。这一点就像电子商务刚兴起时，很多人只看到表象，以为电子商务的关键是互联网。实际上，电子商务的本质是商务，形式是电子。直播电商也是如此，直播电商的本质是电商，形式是直播。形式不是关键，本质才是关键。形式并不能提供核心竞争力，本质才能。

直播电商首先要具备电商运营能力，搭建起电商专业团队并找到合作机构，然后用电商运营能力滋养带货主播，为带货主播设计形象、搭建人设、构建认知，使其快速积累起高势能。带货主播的高势能又能反哺团队和合作机构，让电商运营能力更强。如果搭建不起这种商业模式，根本就不可能做好直播电商。

表面上来看，直播电商的货是由主播卖出的，实际上背后需要一整套专业运作的支持。其中任何一个环节出问题，主播带货都不成立。这就是很多在娱乐圈有很强的影响力的艺人或在某些自媒体平台有大量粉丝的大 V 进入直播电商领域后，带货效果差的原因。

先由内向外、再由外向内的同心圆模式，遵循的是"势能→合作→变现"的逻辑，先由外向内、再由内向外的同心圆模式，遵循的是"合作→变现→势能"的逻辑。只要同心圆的商业模式成立，逻辑就能够讲通。个体可以根据自身的资源与能力情况设计属于自己的同心圆模式。

3.1.3 吴晓波的商业模式

中国知识付费领域有 3 个比较成功的个人 IP，吴晓波、罗振宇和樊登，这 3 个人恰好代表着 3 种不同的商业模式。吴晓波的商业模式是典型的同心圆模式；罗振宇的商业模式是典型的搭台子模式，樊登的商业模式是典型的金字塔模式。

1968 年出生的吴晓波毕业于复旦大学新闻系，他曾经做过 13 年的商业记者，2001 年开始出版财经类图书，并成为畅销书作家。那还是青春文学小说类图书畅销的时代，韩寒和郭敬明就是在那个时代崛起的，那时候很多人不相信严肃的财经类图书也能畅销，而吴晓波证明了这一点，他的"蓝狮子"财经丛书后来成为中国财经类图书中知名的出版品牌。

吴晓波刚起步时，选择了比较保守的"夫妻店"模式，做小而美的生意。吴晓波和妻子邵冰冰在 2014 年注册成立杭州巴九灵文化创意股份有限公司（简称"巴九灵"），该公司发展初期的一切工作的重点和资源核心都在如何做大做强吴晓波个人 IP 上。它的商业模式就是先将吴晓波的个人 IP 打造成具备较高商业价值的个人品牌，再延伸出其他的产品或服务。

吴晓波一开始的做法是先抓住流量。他从 2009 年开始运营微博，2014 年开始运营微信公众号"吴晓波频道"。这两个时间点都分别迎来微博和微信公众号快速发展的时期。这两件事充分显示吴晓波对新兴流量平台的敏锐洞察。抓住"双微"的红利期，迅速发展，获得高流量，成就了今天的吴晓波。

个人 IP 形成后，吴晓波开始承接各类商业广告，随着其影响力的逐渐增加，他的广告收入也逐渐增加。巴九灵也做 MCN（Multi-Channel Network，多频道网络）生意，投资扶持了很多财经类自媒体，粉丝数量早已超 300 万，2018 年的广告收入达到 8 840 万元。

有了流量基础后，吴晓波又先后推出了线上付费课程、线下商学院课程和各类线上线下活动，其中吴晓波的跨年演讲就是比较知名的线下公开活动。"图书 + 课程"让吴晓波知识产品的设计更加全面，吴晓波知识型 IP 的个人品牌形象更加根深蒂固。

吴晓波的内容因为专注于财经领域，具备一定的 To B（商业）属性，吸引了一大批企业家、投资人和高净值人群的关注。吴晓波的用户数量虽然与罗振宇得到 App 的总用户数量和樊登读书的总会员数量相比不算多，但其用户质量整体较高，用户价值较高。

除了知识产品之外，吴晓波还热衷于做实体商品生意。吴晓波的杨梅酒品牌吴酒，因为具备了吴晓波的人格化属性，在 2015 年创下了 3 小时预订 3.3 万瓶的销售记录。之后吴晓波便助力国货品牌建设，帮助那些具备匠心精神的中国本土企业崛起，让中国消费者认可国货，让全世界消费者认可中国产品。

有资料显示，巴九灵 2018 年总营收超过 2.3 亿元，净利润高达 7 537 万元，净利润增长率超过 50%。这个经营成绩已经超过中国很多的上市公司。巴九灵公司的净利率约达 32.8%，赢利能力远强于传统产业。

2020 年，吴晓波进军直播电商领域，虽然一开始成绩不理想，但因为其已经具备个人品牌和流量基础，把直播带货的套路摸透，并将当前资源全部整合利用后，吴晓波在这个领域爆发只是时间问题。

吴晓波的商业模式就如同心圆一样，一圈一圈地由内向外逐步拓展。吴晓波通过对不同领域的延伸、探索和尝试，以及对不同资源的整合，会不断发现更多的商业可能性，产生更大的商业价值。吴晓波的个人 IP 是他的整个商业模式的核心，通过做大做强这个核心，他就能构建起自己的商业帝国。

3.1.4　同心圆的3个核心

同心圆模式要成立，有 3 个核心，高 IP 势能、高 IP 成长性、高竞争壁垒，简称"3 高"。高 IP 势能决定了同心圆模式拥有比较强的变现能力；高 IP 成长性决定了同心圆模式能够持续赢利；高竞争壁垒决定了竞争对手就算看懂了这种商业模式，也很难复制。

1. 高 IP 势能

在同心圆模式中，处在中心的 IP 势能的高低关系到整个商业模式能否成立。IP 势能越高，商业价值越高，商业模式越稳固，变现能力也越强。如果 IP 势能低，整个商业模式将不成立。就算是由内向外式的同心圆模式，处在中心位置的 IP 如果势能迟迟不能增长，这个商业模式也是不可持续的。

IP 这个词在互联网上常见的解释有以下两种。

第 1 种解释是精准定位说，其中的 IP 是 Internet Protocol 的缩写，指的是网际互联协议。IP 地址是互联网的接入地址，也可以简单地理解为用来识别和定位接入互联网的具体位置。随着互联网的发展，一些个体在互联网上被广大网友认识，于是出现了个人 IP。这种说法强调个人 IP 的独特性和唯一性。

第 2 种解释是内容产权说，其中的 IP 是 Intellectual Property 的缩写，指的是知识产权。个人因为一些原创作品中包含的价值观、符号、思想等被广大网友认识，于是形成了个人 IP。根据这种说法，IP 不仅有高度识别性，还有内容原创性。很多作品本身也被网友称为 IP。

这两种解释并不矛盾，都能说得通。本书所指的 IP，综合了以上两种说法的所有含义。但需要注意，IP 不等于个人 IP。IP 可以是某作品、某组织，可以是实际存在的人物，也可以是虚拟人物。个人 IP 则指实际存在的人物，相当于个人品牌。

例如 2019 年非常火的动画电影《哪吒之魔童降世》中的哪吒是中国人拥有强认知的大 IP。电影播出后，这部电影也成了一个大 IP。2020 年动画电影《姜子牙》上映前的宣传明显在与《哪吒之魔童降世》做强关联，虽然这两部电影内容的关联其实不大，但通过借助势能可以让《姜子牙》获取高势能。

2. 高 IP 成长性

除了 IP 势能的高低外，IP 的成长性也关系到同心圆模式能否成立。每个 IP 都有生命周期，这个生命周期通常符合一般经济规律，与企业的发展周期、产品的生命周期类似，可以分为初创期、发展期、成熟期和衰退期，如图 3-3 所示。

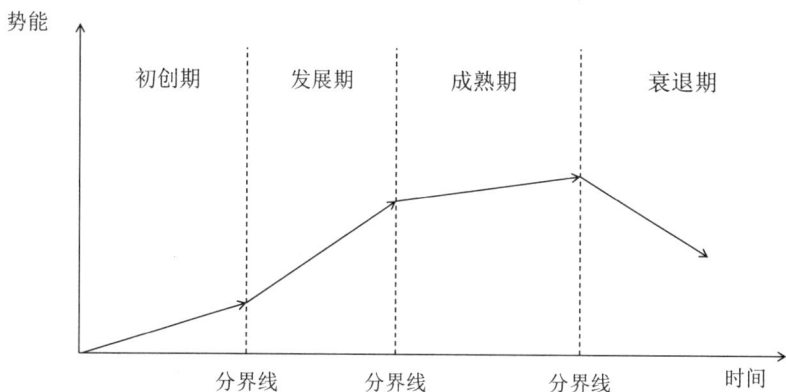

图3-3 IP的生命周期

在初创期，IP势能增长比较缓慢，赢利能力较差；在发展期，IP势能增长速度较快，赢利能力持续增强；在成熟期，IP势能增长放缓，赢利能力逐渐到达峰值；在衰退期，IP势能逐渐下降，影响力降低，赢利能力逐渐减弱。

IP的成长性决定了同心圆模式的可持续性。IP具备比较高的成长性时，同心圆模式才能持续赢利。不同类型的IP、不同的操作方法，会让这4个时期的持续时间有所不同。假如IP的发展期和成熟期的时间较长，那么它就能够在长时间内保持持续成长，赢利能力就能持续提高。

例如主要靠颜值变现的IP的生命周期通常比较短，因为颜值必然会随时间的推移走下坡路，而且一直会有更年轻、更高颜值的人出现；主要靠经验变现的IP的生命周期通常比较长，因为经验会随时间的推移走上坡路，时间越久，经验越丰富。

个体要规划和设计自己IP的生命周期，千万不要成为一个成长性低的IP，不要走肉眼可见的死胡同，不要长期处在天花板很低的领域里。

3. 高竞争壁垒

在同心圆模式中，当某个IP有了成熟的产品，建立起了成熟的合作网络，而且合作网络中的各方都能通过IP持续获利时，就会形成比较稳固的商业模式结构。此时只要IP具备足够的竞争力，替换IP的成本将变得非常高，这也意味着建立起了比较高的竞争壁垒。

竞争对手要想进入此领域，至少要具备3个要件。

（1）势能＋资源＋能力≥当前IP的影响力。由内向外的同心圆模式势能的高低与商业价值的大小成正比，由外向内的同心圆模式的资源或能力的强弱与商业价值的大小成正比。竞争对手的势能、资源或能力中的任意一项不足都是无法打破当前IP稳固的同心圆商业模式的，除非竞争对手具备非常高的成长性，同时当前IP已经进入衰退期。

（2）足够的独特性。当同心圆模式比较稳固，且当前IP长期处在发展期或成熟期时，就算竞争对手在某些方面的势能高于当前IP，但如果其没有足够的独特性，不能与当前IP形成明显区分，通常也很难进入该领域。

（3）持续且足量的产品或服务输出。IP本身不能直接变现，IP对应的产品或服务才能变现。有些IP的势能较高，独特性也足够，但不具备持续稳定输出优质产品或服务的能力，这样的IP实际上商业价值不高，中看不中用，自然也不能进入该领域。

3.1.5　如何应用同心圆模式

应用同心圆模式时，同心圆模式有不同的表现形式，因此会呈现出不同的应用方法和构成逻辑。本节主要介绍内容型个人IP对同心圆模式的扩展应用。对于内容型个人IP来说，在设计应用同心圆模式时，可以分5个层面进行，如图3-4所示。

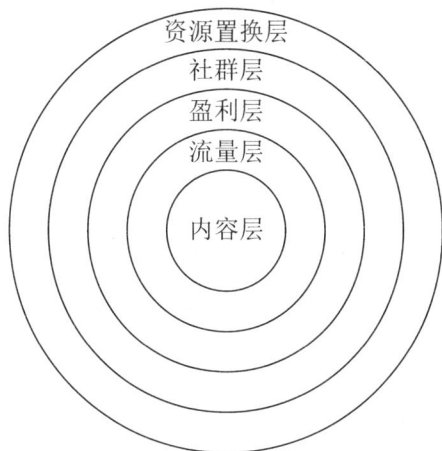

图3-4　内容型个人IP同心圆模式的5个层面

1. 内容层

内容型个人 IP 最核心、最重要的输出是内容，内容是个人 IP 的"产品"，是个人 IP 展示自己的载体。只有有了内容，别人才能通过内容认知个人 IP 的存在。这里的内容可以是视频、音频、图片、文字或其他各种形式。

内容型个人 IP 的内容最好是原创的、独特的、新颖的、带有个人鲜明个性和价值观的内容。他人创作的内容、人云亦云的内容、没有观点的内容以及一些陈词滥调的内容等都不适合作为个人 IP 的内容。

2. 流量层

在互联网商业世界中，流量既可以指接受个人 IP 内容后成为个人 IP 的粉丝的数量，也可以用阅读数量、点赞数量、转发数量或评论数量等数据指标来综合计算。

个人 IP 输出的内容可以在各类内容传播渠道上进行投放传播，这样互联网上逐渐会有人开始接收到个人 IP 输出的内容。如果内容足够好，还能引起转发，形成多次传播，认知个人 IP 的用户越来越多，流量就会越来越大。

3. 赢利层

个人 IP 拥有了内容属性和流量属性后，就逐渐具备了商业价值，这也正是很多人想成为个人 IP 的原因。做好了内容，有了流量，个人 IP 就可以转向下一步的赢利。赢利的方法很多，有 3 种方法比较常见。

（1）通过将一部分内容转为收费内容，一部分用户转化为付费用户实现赢利。

（2）始终保持内容免费，继续做大流量，通过接商家广告实现赢利。

（3）一边做好内容、做大流量，一边开始销售经营某类独特的商品实现赢利。

4. 社群层

从内容到流量再到赢利，这是比较典型的内容型个人 IP 的互联网商业模式。然而，随着互联网的发展，各类信息爆炸式地增长，如今人们平均每大接收的信息量，已经超过信息不发达年代平均每年接收的信息量。

互联网虽然让人们之间的连接与交流变得容易，但大量的信息也让人们之间的兴趣壁垒变得越来越明显。在这种情况下，一些垂直领域的社群应运而生，传统互联网的粉丝模式开始转向社群模式。人们在不同的社群中发言和交流，获取某种归属感。

5. 资源置换层

在社群健康发展到一定程度之后，社群内部的成员彼此熟悉、相互信任，这时，一个社群内部资源置换的交易市场就出现了。这里的资源置换，指的不是简单的微商卖货，而是把社群做成一个平台，当某人有某种需求的时候，社群内部的其他人正好可以提供相应的产品或服务。

这时，社群已经不再是简单的因为某种爱好或诉求而组织在一起的一群人，而是可以相互满足对方需求、交换资源的朋友。例如，某人想换工作，可以把自己的简历发到社群中，社群中知道这类招聘信息的人可以协助推荐。

在应用内容型个人 IP 同心圆模式的 5 个层面时要注意以下 3 点。

（1）这 5 个层面并不是独立的，而是相互联系、相互影响的，甚至是可以相互转化的。

（2）这 5 个层面的逻辑顺序并不是一成不变的，可以视情况发生变化。

（3）这 5 个层面并不需要全部存在，可以视情况组合。

我一位朋友的一家公司做得比较成功，就是应用了内容型个人 IP 同心圆模式的 5 个层面。他的公司分为两个产业板块，一个板块是知识产业板块，另一个板块是娱乐产业板块。

知识产业板块的主要产品是线上课程、线下课程、出版物和其他知识产品内容；娱乐产业板块的主要产品是电影、电视剧、网剧和出版物等产品。两个产业板块之间相互独立，但业务模式类似，而且在流量端、社群端和资源端有一定的联系，可以形成联动效应。

这家公司主要的赢利模式是通过打造互联网 IP 输出内容产品，其商业模式的逻辑结构如图 3-5 所示。

这家公司的两个产业板块均围绕核心产品，在打好流量基础的前提下，通过产品进行变现。在原始流量的基础上，该公司逐渐发展出两个不同产业领域的社群。在产品的变现端，该公司形成了核心用户的高端社群，实现了资源的置换。

对于公司或团队来说，他们比较容易在 5 个层面上形成全盘把控，但这并不代表个体无法应用这套商业逻辑。个体可以侧重于运营端，通过与他人合作整合资源，让整套商业模式成立；也可以侧重于专业端，在整个商业模式中找到自己的生态位，集中主要精力做好自己的专业领域。

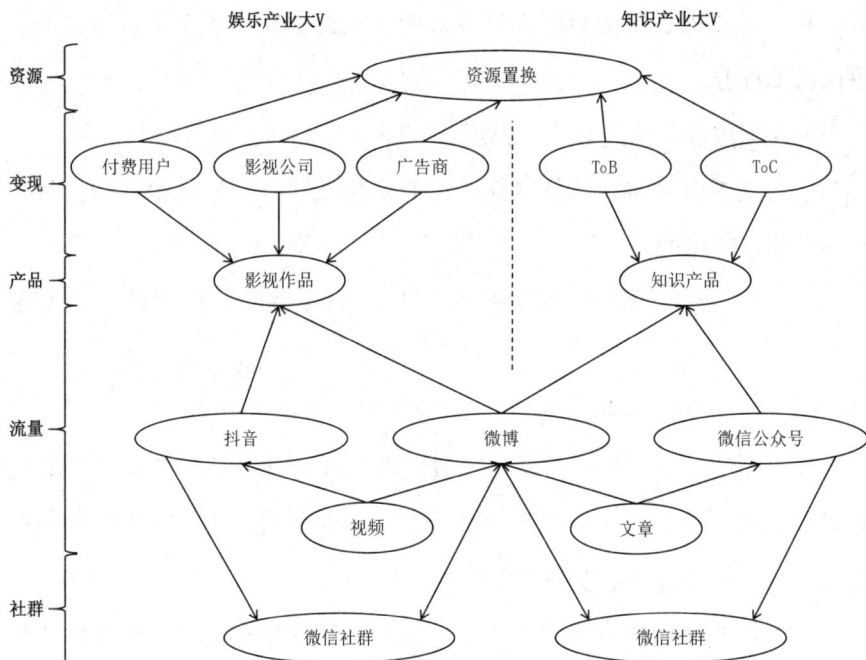

图3-5　某公司商业模式逻辑结构示意图

3.2　搭台子模式

　　搭台子模式就是互联网上比较常见的平台型生意。这种商业模式不是有了互联网后才出现的。自人类有商业活动以来，这种商业模式的雏形就存在了，互联网只是放大了这种商业模式的集中效应，加快了其形成速度。个体要想运用这种商业模式，需要审视自己是否真的具备"搭台子"的资源和能力。

3.2.1　什么是搭台子模式

　　我大三那年，学校扩建，新校区将有3 000多名学生搬入。在离新校区宿舍和餐厅不远的地方，有一个总面积为2 000平方米的一楼拆分招租。我一打听发现出租方是个校友，比较有名，大家都叫他老四，据说是因为他当年在宿舍排行老四。

老四很有商业头脑，在校期间就没闲着，把宿舍变成了商店，一路倒买倒卖，攒下些钱，宿舍楼里没有不认识他的，后来他成了学校的名人，大家都跟着老四的舍友叫他老四。我大三时，老四已经毕业快10年了，他毕业后没找工作，一直在校园周边做生意。据说学校正门的老商圈里的好几个黄金位置的商铺都是他的。

老四给这个项目设置的租金很诱人，最便宜的位置每平方米每天的租金才几毛钱。租个十几平方米的空间平均每月只要几百元。这个小空间可以用来做些卖服装、饰品或小吃的小生意。低租金吸引了大批人慕名而来承租。

看到这个商机，很多学生也跃跃欲试，希望借此机会致富。租金低意味着开店门槛低，就算是家庭条件一般的在校学生，每个月省吃俭用一些也能把租金省出来。我的同学小龙就是第一批"进场"开服装店的人。

小龙眼看毕业后找工作压力比较大，他期望通过创业来逃避就业。可小龙之前从没做过生意，进场前，他拉着我一起去实地考察。我见商铺里面已经被老四用隔断拆分成了几平方米到几十平方米不等的格子间，过道比较窄，有几个格子间已经开始做生意了，有卖袜子的，有卖饰品的。

我看完后建议他不要做这个生意，一是因为那里刚开业，商业氛围还没形成；二是因为他选择卖服装，不具备任何竞争力。小龙没有听劝，他辗转找到了老四，表达了对老四的崇拜之情后，说期望看在校友的份上，租金能优惠些，并希望老四能带带他。

老四告诉他正是因为现在商圈没形成，租金才低。小龙如果一下子租3年，租金还能更优惠，看在大家是校友的份上，商铺位置随小龙挑。

知道小龙想开店卖服装后，老四给他推荐了几个批发服装的渠道。小龙大为感激，认为现在机会难得，于是到处借钱进了场。

进场前，小龙也想拉我去开店，说如果多店一起长租，租金可以更优惠。我见小龙入了迷，尝试劝了他几次也不起作用，就随他去了。毕业 5 年后，我在校友群里找到小龙，问他近况。他说服装店开了两年，终于还是因为不赚钱转让出去了。

他说这两年里，看了太多周围的店开了关、关了开，平均几个月就能换一批新店家，他算是里面坚持得比较久的。最后他终于想明白了，从新校区商圈形成后，最赚钱的人，甚至可能是唯一赚钱的人，是老四。他离开时，新商铺的租金已经涨了一倍，但找老四承租的人依然络绎不绝。

老四赚的是房租，只要能讲故事，只要能把热度"炒"起来，总会有人认为自己在他那里开店能赚到钱。因为开店的门槛低，确实也会吸引很多人。只要有人"接盘"，只要这个商圈能维持下去，老四就能持续赚钱。

店家赚的是顾客的钱，要考虑客流量、竞争对手、产品、价格、质量、成本等种种因素，因为同质化严重、没有价格优势，能赚到钱的人寥寥无几。

老四的商业模式就是搭台子模式，租客的商业模式就是单纯的商品买卖模式。老四卖的是梦想，老四这里的店家卖的是非必需品。店家为开店买单，为的是更好地生存。顾客为购物买单，为的是满足个人喜好。

搭台子模式的原理是建立和运营一个平台，平台上聚集着提供不同产品或服务的供给方，属于供方。用户是需求方，当用户有需求时，他会到平台上寻找能满足自身需求的供方。平台促成供需双方达成交易，并向供方或需方收取一定的费用，如图 3-6 所示。

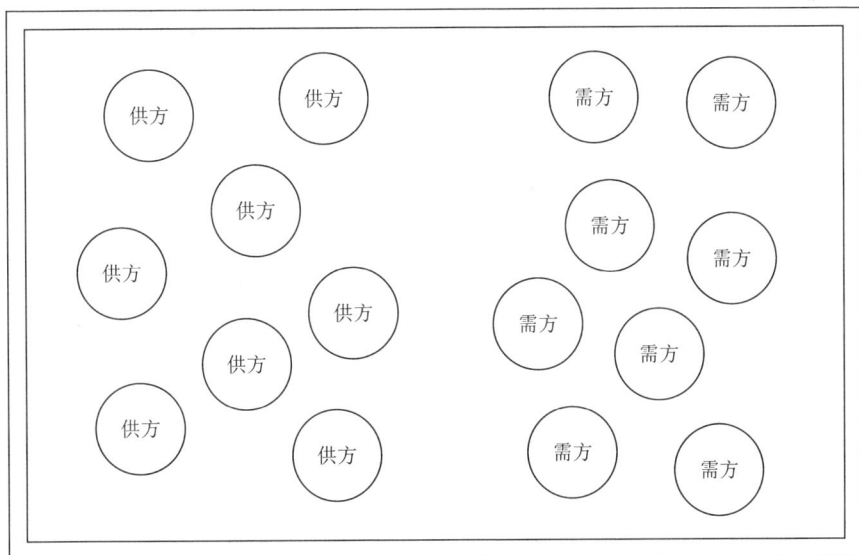

图3-6　搭台子模式示意图

搭台子模式的兴起大约可以追溯到 1980 年，那时候中国的市场经济逐渐发展起来，兴起了比较集中的商品交易市场式的经济模式，小商品批发市场、五金交易市场、服装交易市场等各类市场应运而生。

这种线下商品交易平台直到今天依然是一种重要的商业模式，老四应用的正是这种模式。严格说起来，农村的赶集也是一种搭台子模式，只不过赶集一般由当地村委会统一管理，主要是为了方便村民，很多是公益性质的。

互联网放大了搭台子模式的集中效应、加快了其形成速度，让平台突破了物理限制，使搭台子模式不局限于线下，而是扩展到线上。通过互联网建立起来的平台，其规模可以呈指数型增长，可能会迅速成长为某领域的头部平台。如今，互联网上应用搭台子模式的平台非常常见，如表 3-1 所示。

表3-1　互联网上应用搭台子模式的常见平台

领域	平台名称
购物	淘宝、天猫、拼多多等
外卖	美团外卖、饿了么等
新媒体	微信公众号、微博、今日头条等
短视频	抖音、快手、微信视频号等
长视频	爱奇艺、腾讯视频、哔哩哔哩、西瓜视频等
出行	滴滴、神州专车等
在线教育	得到App、喜马拉雅、千聊、荔枝微课等

3.2.2　罗振宇的商业模式

罗振宇采用的商业模式是比较典型的搭台子模式。罗振宇于 1973 年在安徽芜湖出生，博士和硕士都毕业于中国传媒大学电视系，本科毕业于华中科技大学新闻系。2008 年，罗振宇从中央电视台辞职，成为自由职业者。

罗振宇的起步与吴晓波很像，一开始也是主打个人 IP。2012 年，罗振宇的标志节目《罗辑思维》上线，最早是在优酷（视频）和喜马拉雅（音频）上投放，总播放量超过 10 亿人次。一时间，罗振宇的名字被很多网友熟知。

2016 年，以罗振宇为主要创始人的得到 App 正式上线。罗振宇一度被誉为"中国引领知识变现第一人"。关于得到 App，罗振宇说："我们的理想很简单，要在全世界建立一所领先的，通识大学。"2016 年被很多媒体称为中国知识付费的元年。

2019 年"时间的朋友"跨年演讲的线上转播权以 700 万元的价值卖给了爱奇艺，电视转播权以 2 050 万元的价格卖给了深圳卫视，算上活动本身的门票收入，2019 年罗振宇跨年演讲的总收入超过 4 000 万元。

虽然互联网用户对罗振宇的评价呈现两极化，但每一个期望通过知识变现的人都应当感谢罗振宇。他的存在改变了中国知识变现的格局。在传统纸媒时代，知识变现的方式比较单一，常见的有专栏投稿、写书出版、线下授课等方式。这些方式的变现能力都远不如今天的知识变现。

专栏投稿按照每千字支付稿酬，每千字的稿酬标准大约为几十元到几百元不等，并非高价值劳动；一般写书的稿费比例大约是图书定价的5%～8%，大多数作者的图书销量为几千册，除非成为畅销书作家，否则很难获得高收益；线下授课除了公开课和企业内部培训的收益比较可观外，其他形式的线下授课，讲师的收入不会很高，而且线下授课受众有限，产生的影响有限。

虽然通过互联网为知识付费的模式并不是罗振宇独创的，但确实是在罗振宇持续的宣传和引导下，全社会才开始普遍接受线上课程这种形式，并愿意为之付费。借助互联网的传输渠道，线上的直播课、录播课、训练营确实是比传统知识变现方式更优质的知识变现形式。

以图书出版为例，一本书从写完交稿到出版上市，最快也要半年时间。如果加上写稿的时间，再考虑一些不稳定因素，一本书从开始策划到出版，一般需要1年以上的时间。图书行业的客单价大约为40元，而且复购率很低。图书是实物商品，物流、仓储等成本较高，顾客不满意还可能有退货等情况发生。

线上课程则完美地弥补了出版的缺陷。线上课程的制作周期短，就算做得比较精细，从逐字写稿，到反复修改，再到开始录制，短则1个月，长则3个月就能上市。线上课程的客单价普遍为99元～699元。有些知识型大V的线上课程的客单价甚至能达到8 000元。线上课程是虚拟产品，不需要物流、仓储成本，一旦购买不支持退货，而且线上课程的复购率高于图书。

当然，线上课程有线上课程的问题，图书有图书的好处，二者的功能定位有所不同，各有优缺点，二者之间是互补的关系，而不是取而代之的关系。以上内容仅是对二者在产品商业属性和变现能力上的比较。

2020年9月，罗振宇创办的北京思维造物信息科技股份有限公司（简称"思维造物"）披露创业板IPO招股说明书，估值不低于10亿元人民币。根据思维造物招股说明书中的内容，思维造物是一家从事"终身教育"服务的企业，其主要财务数据如表3-2所示。

表3-2　思维造物主要财务数据

项目	2020年1—3月/2020年3月31日	2019年度/2019年12月31日	2018年度/2018年12月31日	2017年度/2017年12月31日
营业收入（万元）	19 225.57	62 791.13	73 793.92	55 635.82
净利润（万元）	1 327.82	11 505.4	4 764.41	6 131.96

思维造物主要产品和服务收入情况如表3-3所示。

表3-3　思维造物主要产品和服务收入情况

项目	2020年1—3月		2019年度		2018年度		2017年度	
	金额（万元）	占比（%）	金额（万元）	占比（%）	金额（万元）	占比（%）	金额（万元）	占比（%）
线上知识服务	10 461.24	54.70	41 213.47	66.26	50 722.46	68.74	32 772.00	58.91
线下知识服务	6 506.06	34.02	11 528.68	18.53	7 345.99	9.95	6 346.68	11.41
电商	1 914.89	10.01	8 615.59	13.85	10 351.44	14.03	15 341.77	27.58
其他	243.03	1.27	843.86	1.36	5 373.8	7.28	1 170.79	2.1
合计	19 125.23	100.00	62 201.61	100.00	73 793.7	100.00	55 631.24	100.00

1. 线上知识服务

（1）在线课程，包括应用技能类、商学类、科学类和人文类课程。

（2）每天听本书。"每天听本书"为用户提供书籍的解读服务。解读对象包括传统经典和最新著作。思维造物邀请各领域的专家学者作为解读人，用 20～30 分钟讲述书籍精华，并提供延展知识。"每天听本书"以音频为交付形式，同时配备转述文稿和思维导图。

（3）电子书。思维造物与出版社、版权公司或作者个人合作，为用户提供线上阅读解决方案。付费方式包括单本电子书购买或会员订阅。订阅方式下，电子书会员在会员期内可以阅读书库中的主要书籍。截至 2020 年 3 月 31 日，电子书库包含书目近 3 万册。思维造物通过自研的电子书全文检索引擎技术，帮助用户将海量文本内容变成个人知识搜索库。

（4）其他。这一部分包括为用户提供解决方案型产品"得到锦囊"和免费的"罗辑思维""邵恒头条"等产品。

2. 线下知识服务

（1）得到大学。

"得到大学"是思维造物为职场人士提供的创新知识服务产品，其特色为学员来自各行各业，以跨界学习为目标；在线上完成课程内容的学习，以提高学习效率；在线下进行各自专业领域的经验交流和实践转化。

截至 2020 年 3 月 31 日，"得到大学"线下校区已覆盖国内 11 个城市，开设 85 个班次，录取学员超过 7 000 人，如表 3-4 所示。

表3-4　"得到大学"招生情况

批次	校区地点	招生人数（人）
2018年秋季第0期	北京、上海、深圳	286
2019年春季第1～3期	北京、上海、杭州、广州、深圳、成都	1 318
2019年夏季第4期	北京、上海、杭州、广州、深圳、成都	1 430
2019年秋季第5期	北京、上海、杭州、广州、深圳、成都、郑州、青岛	2 215
2020年春季第6期	北京、上海、杭州、广州、深圳、成都、郑州、青岛、西安、昆明、武汉	2 249

（2）跨年演讲及知识春晚。

"时间的朋友"跨年演讲为思维造物首创的"知识跨年"产品形态。跨年演讲于每年12月31日至次年1月1日在一线城市举办，同时在地方卫视和国内网络视频平台播出。演讲内容由内容策划团队集体创作，为用户总结过去一年创新创业领域的学习心得。截至2020年3月31日，已举办5届跨年演讲。

知识春晚是中国首档知识分享类春节晚会节目。2020年第一届知识春晚于当年除夕举办，在深圳卫视、爱奇艺、得到平台同步直播，由得到讲师、"得到大学"学员等知识分享者围绕老百姓最关注的饭桌话题，为用户提供即学即用的"美好生活解决方案"。

3. 电商

思维造物的电商业务是知识服务的配套业务，主要销售实体图书、"得到阅读器"和周边产品。思维造物销售的实体图书包括自有版权书籍和第三方版权书籍。公司通过开展线上知识服务，积累师资及版权内容，并由合作出版社出版自有版权图书，构建实体出版品牌"得到图书"。截至2020年3月31日，公司已出品自有版权图书26本。

4. 其他

（1）视频节目。思维造物于2018年7月27日推出《知识就是力量》大型知识类脱口秀节目，节目播出时长为3个月，共12期，每期40分钟。《知识就是力量》节目将经济学、心理学、社会学等各个领域的知识融会贯通，针对每个问题提供一套系统的知识解决方案。

（2）"罗辑思维"微信公众号。"罗辑思维"微信公众号于2012年12月推出，以音频及文章形式为用户提供免费、轻量级的知识服务，并推荐图书及相关衍生品。"罗辑思维"微信公众号在微信生态圈影响广泛，截至2020年3月31日，关注用户超过1 200万人。

得到 App 的用户情况如表 3-5 所示。

表3-5 得到App的用户情况（单位：万人）

项目	2020年1—3月	2019年	2018年	2017年
累积激活用户数	3 746.37	3 475.16	2 586.42	1 357.41
累积注册用户数	2 135.22	1 947.32	1 549.82	868.45
累积付费用户数	563.31	535.48	444.38	279.47

得到 App 如今已经成为国内知名的知识产品平台，聚集了一大批头部讲师。得到课程业务流程如图 3-7 所示。

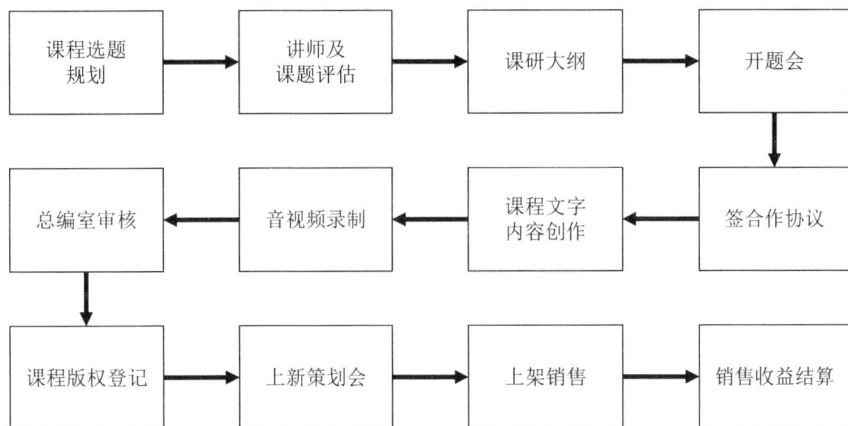

图3-7 得到课程业务流程

3.2.3 搭台子的3个关键

很多人认为开店就是做生意，未免太小看了生意。很多人认为开个微博账号就是做自媒体，未免太小看了自媒体。对搭台子商业模式的应用也是如此。别人搭的台子，自己能不能在上面生存，要存疑。自己有没有能力搭台子，让别人在上面生存，也要看自己有没有搭台子的实力。

搭台子模式能够成立，有 3 个关键。

1. 搭建门槛

门槛决定了竞争环境。在门槛很低的领域，如果没有一定的进入壁垒，不要幻想能应用搭台子模式赚钱。

例如很多人觉得自己一边有粉丝积累，一边又认识一些讲师，通过线上或线下的方式，促成粉丝购买讲师的课程，从讲师收入中提成，这样就建成了一个"平台"，这其实是异想天开。粉丝是顾客，讲师的课程是商品。只不过有的人认识的讲师比较多，商品种类比较多而已。

我前文提到的找我一起创业做线上课程的朋友就是如此，他心里想的是做搭台子模式，实际上是在做连接点模式。他觉得在千聊微课或荔枝微课上创建一个线上课程直播间，自己就成了"平台"。这其实不叫"平台"，千聊微课和荔枝微课才叫平台。平台是讲故事的高手，因为平台需要聚拢人气。被聚拢的人越多，平台成功的概率就越大。

在千聊微课和荔枝微课上创建直播间的门槛非常低，就像前文故事中的小龙开服装店一样。门槛低的生意必然面临着强竞争，会有大量的竞争者涌入，如果没有核心竞争力，没有明显区别于或优于别人的商品，顾客又怎么会买单呢？

2. 供需黏性

搭台子模式要成立，平台上的供方和需方都要具备一定的黏性。如果没有稳定的供方和需方在平台上发生交易，平台将迅速瓦解。应用搭台子模式的前期要宣传造势，要会讲故事，要有能力把供方和需方长时间聚集在一起，让供方和需方长期使用这个平台。

如今的互联网创业平台是如何维持供需黏性的呢？放眼望去，大多数都是靠平台补贴供需双方。在互联网刚兴起、获客成本还比较低的时代，少量补贴能让平台获利。但在信息爆炸、充分竞争、流量稀缺、获客成本持续提高的如今，互联网创业平台需要大量的资金支持。

如今互联网公司搭台子模式的背后，通常都有资本的支持。搭台子模式的门槛高低与搭台子后市场空间的大小成正比，市场空间巨大的地方，资本支持的力量也会较大。

互联网放大了竞争，加速了相同领域平台间的整合。每个领域都在向唯一或唯二生存空间靠拢。最后能共生的平台背后无一例外都有大量的资本在支持。例如团购网站从当年的"千团大战"，到仅美团和大众点评两家留存，再以美团和大众点评的合并告终。

3. 赢利模式

互联网创业公司经历过野蛮生长阶段后开始趋于理性，逐渐回归一般市场规律——提高赢利能力。早年间，互联网创业公司把"流量为王"看作根本，那时候流量是很多互联网公司关注的唯一指标。如今，随着一些公司垮台，大家都不约而同地开始提高自己的赢利能力。

门槛高不高，能不能搭起台子，能不能聚集供方和需方只是一方面，更重要的另一方面是如何实现赢利。不然很可能会"赔钱赚吆喝"。理想很丰满，现实很骨感。没有赢利能力的支撑，规模再大也没有用。

滴滴自2012年成立以来，经历了模式创新、资本入局、补贴大战、行业整合、舆评公关、业务创新等一系列阶段。根据2019年胡润百富榜对公司市值的估算，滴滴出行的市值已经达到了3 600亿元，仅次于美的电器，市值只比字节跳动低约28%。

然而截至2019年底，滴滴依然没有赢利。到2020年5月，公司总裁柳青接受CNBC采访时表示："滴滴的核心业务（网约车）已经处于盈利状态，或者说有些薄利了。"然而很多人对此持怀疑态度，并且其中涉及财务核算口径的问题。

2019年2月，滴滴创始人程维在内部信中表示，自2012年成立到2018年，公司从未赢利，6年累计亏损390亿元。根据相关统计，截至

2019 年底，滴滴在 7 年内累计亏损超过 500 亿元。

够高的准入门槛，持续的供需黏性，一定的赢利能力，是应用搭台子模式缺一不可的三大要素。个体如果要应用这种模式，就要审视自己是否具备这三大要素。如果具备，则可以尝试；如果不具备，尽早放弃，选择更适合自己的商业模式。

3.2.4　如何应用搭台子模式

看到这里，相信很多读者会认为搭台子模式是一种不适合个体应用的商业模式。其实不能一概而论，虽然在一些肉眼可见的宏观经济领域，个体确实很难再找到机会，但在一些垂直领域，具备一定资源和能力的个体完全有可能成功应用这套商业模式。我有位叫孙宇的朋友就是个体成功应用搭台子模式的案例。

孙宇大学毕业后在一线城市的顶级培训公司做了 3 年多的讲师管理和课程销售，他的工作职责包含发现优质讲师、与讲师建立合作关系、定期维护优质讲师资源。这份工作让孙宇认识了很多来自不同领域的优质讲师，其中包括很多国外的知名讲师，同时孙宇摸透了整个培训行业的标准运作模式。

因为父母希望他回家安定下来结婚生子，孙宇不愿违背家人的意愿，就回了一个三线城市的老家。孙宇回到老家后，找到了一份当地头部公司培训管理的工作。在这个工作岗位上，孙宇的工作强度和压力远没有原来那么大，他可以自主支配的时间比以前更多。

这也正是孙宇父母希望他回老家的原因，三线城市的生活节奏慢，孙宇可以有更多属于自己的时间。然而孙宇在业余时间可没闲着，虽然人在三线城市，但他没有选择安逸。一颗渴望更好生活的心让他一直在尝试不一样的活法。

1. 1.0 版本——学习小组

孙宇很喜欢读书学习，他的很多朋友在不知道该读什么书时都会找他推荐，也有些不愿读书的人喜欢和他聊书，主要是想听他讲书。他索性尝试和几个朋友建立了一个学习小组，定期组织一些读书分享活动。参与这个学习小组的人会定期读书打卡，这样既能相互监督，又能交流学习。不到 1 年时间，这个学习小组发展到了 100 多人，而且组员都成了线下经常见面的朋友。

2. 2.0 版本——考证社群

学习小组的人数多了以后，孙宇发现小组里都是渴望学习的职场人士。这些人除了想通过读书学习新知识外，还有考职业技能证书的需求。当地虽然也有相关的培训机构，但培训讲师的专业度有限，教学质量一般。孙宇利用自己当年在一线城市的资源，整合了一批优质讲师资源，开始在当地举办各类职业技能证书考试的培训班。各类培训班开办起来后，报名考证学习的人越来越多，随着学员陆续加入微信群，孙宇有了几十个微信群，超过 5 000 名群友。

3. 3.0 版本——接触 B 端

随着社群越来越大，接触的人越来越多，孙宇开始接触当地的企业。三线城市企业家的经营管理理念与一线城市相比差距较大，虽然很多企业管理比较粗放，但企业也希望通过鼓励员工考取职业技能证书促进员工学习，全面增强员工的能力。孙宇本身又在当地的头部企业负责培训工作，很多企业找孙宇为自己的企业设计员工学习计划，计划内容除了考证学习外，还有职场技能、沟通方法、自我管理方法等。

4. 4.0 版本——企业家圈层

与企业接触一段时间后，孙宇渐渐认识了很多企业家，进入了当地企业家的社群。孙宇因为读书多、见识广，很多企业家第一次见他不仅和他聊得来，而且很欣赏他的思想格局。知道孙宇之前做的这些事之后，很多企业家信任孙宇，找他为自己的企业设计培训体系和提建议。孙宇也很大方，毫无保留地把自己知道的知识都告诉这些企业家。一来二去，孙宇和很多企业家成了无话不谈的朋友。

5.5.0 版本——搭建平台

孙宇对企业的培训需求有很深的理解，同时又掌握了大量优质讲师资源。于是孙宇搭建了一个平台，平台上有各领域优质讲师的详细介绍和培训价格。企业可以根据需求在平台上选择适合自己的讲师，而且可以在培训后对讲师做出评价。孙宇在企业和讲师成交后获得佣金。孙宇拥有企业家社群的资源，保证了平台的高使用率。

虽然孙宇建立的是一个有地域特征且相对小众的平台，但该平台完美地满足了搭台子模式成立的 3 个关键。

（1）够高的准入门槛。地域特征、企业家社群、优质讲师资源以及孙宇本人的能力和经验积累等都是较高的准入门槛，别人很难复制。就算有巨大资本想做类似的事，做宏观的全国平台也许可行，但在当地市场依然很难竞争得过孙宇的平台。

（2）持续的供需黏性。讲师是一个偏向需方的市场，讲师很多，只要能识别其中的优质资源并与之建立良好的关系就可以。企业一定会有各式各样的培训需求，但他们为什么要在孙宇的平台上成交呢？这时孙宇进入的企业家社群又能发挥重要的作用。

（3）一定的赢利能力。持续成交能在一开始就为孙宇带来持续的赢利，而且随着平台持续运营，随着数据的积累，能够形成良性循环，让使用平台的人越来越多。

很多商业模式不成立，是因为这类商业模式在设立之初就不符合一般经济规律。孙宇的商业模式之所以能成立，除了满足搭台子模式的 3

个关键之外，还包含了 3 项符合基本经济规律的底层逻辑。

1. 解决了某类问题

企业请外部讲师总存在一些痛点，而孙宇的平台能解决这些痛点。例如培训机构会针对企业的培训需求和预算向企业推荐讲师，企业通常不知道培训机构有多少同类型的讲师，不知道讲师的具体情况，也不知道讲师适不适合自己。不能菜单式选择，信息不对称，所以经常出现企业花高价请讲师，培训后发现讲师并不能满足企业需要的情况。孙宇的平台能为企业提供讲师选择服务，数据积累可以方便企业进行事前判断，能够有效解决这些痛点。

2. 方便了某类群体

孙宇的平台方便了企业，企业不用担心没有讲师可选，不用担心培训前看不到讲师的基本情况，也不用担心讲师价格不透明为此多投入成本；孙宇的平台也方便了讲师，讲师不用担心自己受培训机构的牵制没有展示的机会，那些性价比高、有真才实学、内容呈现较好的讲师能够通过平台获得更多的授课机会。

3. 创造了某类价值

孙宇的平台相当于取代了传统的培训机构。传统的培训机构因为运营成本高，会在讲师课时费的基础上进行一定程度的加价，孙宇采取的提成模式，收费远低于绝大多数培训机构的加价。这不仅能为企业节省培训费用，而且能让讲师赚到更多的钱，实现企业和讲师的双赢。

3.3 金字塔模式

金字塔模式就是分销式生意，其核心是将顶层的产品或服务通过逐级分销的模式传递给需求方。对于个体来说，要审视自己是否身处金字塔模式中。如果身处其中，要注意自己处在什么位置，避免出现

"人为刀俎，我为鱼肉"的情况。如果个体要应用金字塔模式，则要尽量站在顶层，掌握主动权，把重心放在产品、服务以及商业模式的设计上。

3.3.1 什么是金字塔模式

金字塔模式的本质就是一种分销模式，下级获得代理销售权，即获得以某个名义销售某类产品或服务的权利。

金字塔模式的商业逻辑如图 3-8 所示。

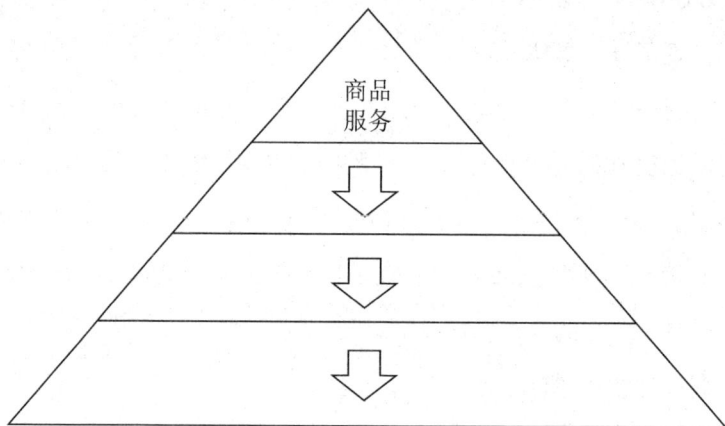

图3-8　金字塔模式的商业逻辑

金字塔的头部是某类产品或服务，下面的每一级都是为了销售该产品或服务而存在的。因为需要逐级覆盖更多细分市场，所以每向下一级，分销人数就会增加，于是呈现出金字塔结构。

很多传统产业的产品营销也是类似的分销结构。企业围绕某个品牌或某类产品，会先设置省级代理商，授权省级代理商寻找地市级代理商和县区级代理商。企业管理省级代理商，省级代理商管理地市级代理商，地市级代理商管理县区级代理商。

3.3.2　樊登读书的商业模式

樊登读书的商业模式就是典型的金字塔模式，其逻辑与吴晓波和罗振宇的商业模式截然不同。樊登读书虽然以樊登的名字命名，从表面上看，其商业模式类似于吴晓波的同心圆模式，樊登似乎是通过树立个人IP 构建读书会社群实现盈利的，实际上并不是这样。

樊登于 1976 年出生，毕业于西安交通大学材料系，获得了西安交通大学材料系工学学士学位和西安交通大学管理学院管理学硕士学位，后又获得北京师范大学电影学博士学位，做过中央电视台的节目主持人。樊登读书是于 2013 年末由樊登、郭俊杰、田君琦、王永军共同发起的知识付费型社群。

樊登读书的定位是做书籍精华解读的学习型社区，目标是帮助 3 亿中国人养成阅读习惯，口号是"Keep Learning，每年一起读 50 本书。"樊登读书的核心产品包括两部分：一是线上通过 App 解读 50 本书，带领会员高效阅读；二是线下通过各地分会组织沙龙活动，带领会员交流和进步。

随着用户规模的扩大，樊登读书逐渐摆脱了产品单一的局面，推出了更多周边产品，例如面向企业用户的"一书一课"，面向儿童的"樊登小读者 App"，面向大众用户的其他线上课程和训练营等知识产品。

樊登读书也在大力发展线下业务，除了分会定期举办线下活动外，还开始运营线下书店。2016 年 11 月，第一家樊登书店在福建泉州正式开业。截至 2019 年 5 月，全国已开设 230 余家樊登书店。

公道地讲，在整个知识付费市场中，樊登读书核心产品的性价比并不高。标价 365 元 / 年的会员费在同类产品中是偏高的，这个产品对大多数用户来说买到的只是 50 节樊登亲自讲解的读书笔记。论知识体量和制作的精良程度，这50节读书笔记不仅比不过得到App的"每天听本书"，甚至比不过很多小社群组织的读书分享活动。

实际上，樊登读书的快速发展一方面得益于樊登的个人IP，另一方面得益于金字塔模式。樊登读书赢在了商业模式上。

樊登读书的商业模式的本质是加盟制，有意加盟樊登读书的人只要符合加盟条件，可以用樊登读书分会的名义注册公司。樊登读书总部将授予樊登读书该分会发展会员、服务会员的权利和义务。

樊登读书的分会类型包括城市分会、行业分会和企业分会，其组织架构如图3-9所示。

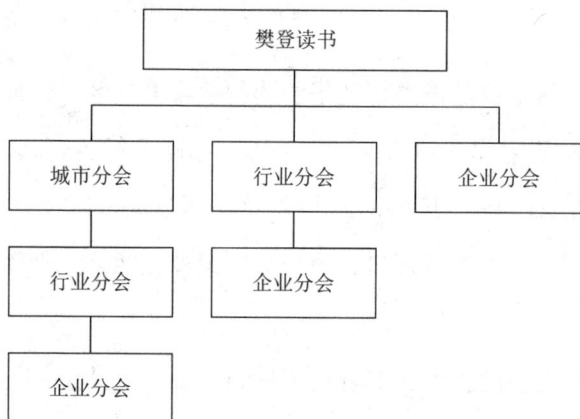

图3-9　樊登读书的组织架构

以城市分会为例，按照加盟类型，城市分会包含省级分会、直辖市分会、市级分会、县级分会和海外分会。樊登读书城市分会的组织架构如图3-10所示。

樊登读书的总部设立、服务管理一级渠道（省级、直辖市、直属市级、海外分会），一级渠道设立、服务管理二级渠道（市级分会），二级渠道设立、服务管理三级渠道（县级/区级分会），如表3-6所示。

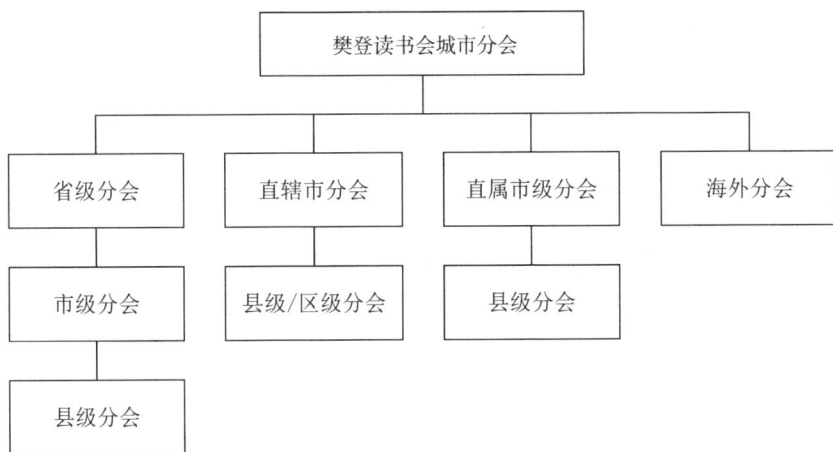

图3-10　樊登读书城市分会的组织架构

表3-6　樊登读书城市分会分级管理关系

序号	分会类型	渠道类型	分会申请机构	分会设立机构	管理服务机构
1	省级分会	一级	总部	总部	总部
2	直辖市分会	一级	总部	总部	总部
3	直属市级分会	一级	总部	总部	总部
4	市级分会	二级	当地省级分会	当地省级分会	当地省级分会
5	县级分会	三级	当地市级分会	当地市级分会	当地市级分会
6	海外分会	一级	总部	总部	总部

樊登读书城市分会的设立条件比较宽松，主要包括以下5条。

（1）认可樊登读书的企业文化。

（2）必须具备独立的法人资格。

（3）有经营场地，有至少4名专职员工，有能力开展销售和服务工作。

（4）针对樊登读书项目有一定的运营思路与规划。

（5）经总部审核，缴纳一定费用后，签订合作协议。

城市分会的权利主要包括以下内容。

（1）获得被授权城市区域代理权。

（2）获得总部在公开渠道的品牌支持。

（3）获得销售樊登读书会员卡的利润分成。

（4）获得经总部授权的销售衍生产品的利润分成。

（5）获得经总部授权的区域广告投放的利润分成。

（6）获得经总部授权的合理用途"樊登读书"品牌使用权。

（7）获得总部支持的以优惠价格邀请樊登老师出席的分会读书活动。

城市分会的义务主要包括以下内容。

（1）从事会员推广工作。

（2）从事会员服务工作。

（3）在城市分会承办地组织会员线下读书活动。

（4）接受总部对城市分会运营行为的监督管理。

（5）接受总部对城市分会发展业绩的考核管理。

（6）接受销售考核机制。

（7）维护"樊登读书"的品牌形象。

（8）严格保守商业秘密。

樊登读书的总部对分会主要提供四大支持。

（1）服务支持，提供会员服务支持、活动支持、物料支持。

（2）技术支持，提供产品技术支持、销售数据平台支持。

（3）培训支持，提供销售培训、书童培训、运营培训、活动培训。

（4）激励政策支持，总部按月度、季度、年度定期制定渠道激励政策，鼓励和刺激分会渠道开拓、市场合作、会员发展。

樊登读书对城市分会的考核主要包括以下4个部分。

（1）基础考核，主要考核分会是否持续符合设立分会的条件。

（2）活动考核，主要考核分会是否按照要求的频率和数量举办线下沙龙活动。

（3）培训考核，主要考核分会是否按照要求的频率和数量组织线下培训。

（4）销售考核，主要考核分会的销售额和新会员数量是否达到要求。

通过金字塔模式，樊登获得了吴晓波和罗振宇都不具备的优势。

1. 流量优势

吴晓波和罗振宇都抓住了微信公众号崛起的机会，但他们没有抓好短视频发展的机会。随着短视频平台的崛起，樊登读书顺势而为，抓住了抖音App的流量风口。这也得益于樊登读书的商业模式。

樊登读书要求各城市分会注册抖音账号，这让樊登读书在抖音App上的账号数量达到上千个，总粉丝量达到几千万。这些账号都在抖音App上分享樊登讲书和讲课的视频。当大量来自不同地区的账号转发和评论同一条视频，同时发布类似的视频时，抖音App的算法会认为这类视频热度较高，这类视频会获得更多的推荐。

2. 续费优势

续费率和复购率是知识付费产业面临的难题，这直接决定了知识付费产业到底是昙花一现的产业，还是长青的产业。对这个难题，吴晓波和罗振宇目前并没有找到比较好的解决方案，但樊登读书却通过金字塔模式让这个问题得到缓解。

吴晓波和罗振宇是直接面向用户的，需要自己想办法吸引用户、管理用户、留住用户，而樊登读书是直接管理加盟商。直接管理几百万个用户容易，还是直接管理几百位加盟商容易？答案显而易见。只要樊登读书管理好加盟商，加盟商自然就能管理好用户。

3. 带货优势

金字塔模式最早是在传统市场中发展起来的，这种商业模式特别适合产品销售。当金字塔模式成熟后，有了稳定的运营模式和流量基础，这个模式就会比吴晓波和罗振宇的商业模式拥有更多带货成功的可能。

3.3.3 金字塔的3个关键

金字塔模式要想成立，需注意以下3个关键点。

1. 不能违背道德，更不能违法

一些不法分子常用的传销模式和违法加盟模式也是金字塔模式。违背道德和违法犯罪都是无知且短视的行为。个体要想在商业世界立足，信誉是第一位的，千万不要有违法违规的念头。个体在应用金字塔模式时，要注意区分什么样的行为会被判定为违法。

下面介绍《禁止传销条例》（2005 年 11 月 1 日起施行）的规定。

下列行为，属于传销行为：

（一）组织者或者经营者通过发展人员，要求被发展人员发展其他人员加入，对发展的人员以其直接或者间接滚动发展的人员数量为依据计算和给付报酬（包括物质奖励和其他经济利益，下同），牟取非法利益的；

（二）组织者或者经营者通过发展人员，要求被发展人员交纳费用或者以认购商品等方式变相交纳费用，取得加入或者发展其他人员加入的资格，牟取非法利益的；

（三）组织者或者经营者通过发展人员，要求被发展人员发展其他人员加入，形成上下线关系，并以下线的销售业绩为依据计算和给付上线报酬，牟取非法利益的。

要判定某种行为是否为传销行为，并非简单地看是否限制了参与者的人身自由，而是主要看以下 3 个特征。

（1）利润来源。判断利润来源究竟是以卖产品为主，还是以"拉人头"

为主。传销的工作重心都放在拉人头上，不论处在哪一级，都必须拉人头，通过拉人头收会费而赢利。如果利润来源是以拉人头为主，计酬方式与拉人头的数量有关，那么大概率会被认定为传销。

（2）存在欺骗。传销的本质是一种"庞氏骗局"，是建立在谎言之上的商业模式，是用下层的钱补上层的窟窿。如果是通过欺骗等手段，用一些虚假、劣质产品欺骗代理商，赚取代理商的入会费用，常常也会被认定为传销。

（3）代理限制。如果对代理的要求只是交钱，没有其他要求、没有管理机制，而且对代理数量没有限制、没有规则，一门心思只想通过增加代理数量收取代理费用，有时候也会被认定为传销。

2. 有具备竞争力的产品或服务

金字塔模式的顶层是承载商业流通属性、存在一定市场空间、能够满足用户需求、具备能够实现变现的某个品牌的产品或服务。金字塔模式要想成立，顶层的产品或服务就要具备一定的竞争力，从而让代理商有销售的动力。

为此，需要持续为核心产品或服务赋能，常见方式如下。

（1）品牌势能。有了品牌，就有了品牌溢价能力。品牌不仅会让产品或服务更有竞争力，而且能创造更大的利润空间。

（2）成本优势。打造品牌需要资金投入，也需要时间积累，如果短期内做不到，可以尝试建立成本优势。

（3）差异化。如果没有品牌势能，也没有成本优势，可以在差异化上做文章。当产品或服务具备市场上的同类产品不具备的属性时，也能获得一定的竞争力。

3. 权责利对等

金字塔顶层的主要工作是保证产品或服务的价格统一、品质统一，保证金字塔下每一层的利益分配均匀，每一层都有足够的利润，保证随着产品或服务的售出，各一层都能赚到钱。金字塔下层的主要工作是利用自己的渠道完成产品或服务的销售。

我做咨询项目时遇到过一家传统企业，该企业销售业绩下滑，销售人员离职情况严重。企业管理者觉得很奇怪，觉得给销售人员提供的提成比例在同行业中已经算比较高了，为什么还是留不住人呢？我在调研后发现，这个销售团队中存在严重的权责利不对等的问题。

这家企业有这样的规定：销售总监有权降价 20%，销售经理有权降价 10%，销售业务员有权降价 5%。为了完成业绩，所有业务员都去找销售总监要求降价销售。这时不论业务员能不能完成业绩，责任都成了销售总监的。因为销售总监掌控着关键的降价权利，他就要承担主要的业绩责任。

企业内部尚且如此，金字塔模式更是这样。金字塔模式是基于经济利益形成的组织，各层级对权责利更加敏感。商业世界的利弊判断是非常现实且迅速的，价格体系混乱，利润空间太小，权限设置不明，责任划分不清，都有可能让金字塔模式迅速土崩瓦解。

3.3.4　如何应用金字塔模式

个体如何应用金字塔模式呢？我曾经的同事小鱼姐就将金字塔模式应用得非常好。小鱼姐和我一样，以前也从事人力资源管理工作，是个实干型人才，虽然她不太会表达，却是做事的好手。她婚后很长时间都没有要孩子，怀孕时已经是大龄产妇。为了更好地照顾家庭，她怀孕后不久就辞去工作安心养胎。顺利生产后，她做了两年全职妈妈。

孩子上幼儿园后，她和弟妹一起创业做个人品牌的眼贴，主要采用金字塔模式。

1. 顶层

前文提到，金字塔的顶层掌握着话语权和主动权。小鱼姐直接成为金字塔的顶层，而不是加入别人的金字塔，这一点非常重要。当然这并不是说加入别人的金字塔一定不行，而是成为金字塔的顶层一定是更优的选择。

2. 选品

为什么要选择眼贴呢？我在问小鱼姐这个问题前，以为她会回答她以前接触过，比较了解，所以才选择眼贴。可她的回答令我震惊，我听完后大呼"学到了"。小鱼姐之前从未深入接触过眼贴这个产品，之所以选择，是基于以下3点考虑的。

（1）眼贴是主要针对女性消费者的产品，几乎适合全年龄段的女性群体。女性群体的消费能力很强，眼贴的单价不高，很受女性群体的欢迎。

（2）眼贴毛利率较高，赢利空间大，赢利能力强，这一点可以参考面膜。

（3）眼贴不属于必需品，不需要花太多精力做烦琐的供应管理。眼贴又属于定期使用产品，所以需求量并不小。也就是说，眼贴的供应链管理不是小量高频次，而是大量低频次，这能够大大降低运营管理成本。

3. 竞争力

既然眼贴这么好，会不会已经有很多人在做这件事了？如何保证自己的眼贴有竞争力呢？

（1）独立品牌。小鱼姐的眼贴有自己的独立品牌。虽然品牌并不知名，但找大厂代工，有全套合格证书。小鱼姐的品牌在一开始并不具备较强的竞争力，但随着品牌势能的积累，竞争力变强。

（2）成本更低。小鱼姐找代工厂一次性大量生产，形成规模效应，能拿到最优的出厂价格，从而获得成本优势。很多人觉得形成规模之前，是不具备成本优势的。小鱼姐厉害的地方就在于，她在形成规模前，就大胆地一次性大批量生产。

4. 共赢

虽然有竞争力，但市场上有那么多有竞争力的品牌与产品，代理商为什么要选择小鱼姐的呢？搭建金字塔模式时一定要保证代理商有足够的利润，不然没人愿意参与。

为了获得规模效应和建立品牌，小鱼姐把自己的利润率压到最低，有时候甚至为了做活动或扶持代理商甘愿放弃利润。这吸引了很多人加入，后来她的很多忠实顾客不仅变成了代理商，而且因为认可小鱼姐的人品，和小鱼姐成了无话不谈的朋友。

3.4　生态位模式

生态位模式来源于商业生态系统，个体通过成为一个相对稳定的商业系统中的某个环节，找到商业生态中属于自己的位置。这个位置可以是连接点，也可以是资源位。商业世界中的生态位就是价值位，个体通过在价值位上为别人创造价值，让自己赢利。

3.4.1　什么是生态位模式

我在一家零售上市公司工作时，认识了大强哥。我入职时他已经在这家公司的市场部工作了6年多，担任市场部总监一职。大强哥在这家公司很有名，不仅因为他的职位，还因为他的学历和晋升速度，总部没有谁不知道他。

那家公司当时有1.5万人，大强哥是唯一一个"海归"，而且是名校海归。大强哥的家庭条件一般，父母为了送他出国留学卖了房。大强哥回国后本来想去一线城市发展，奈何母亲身体不好，大强哥又孝顺，就回到老家——一个三线城市工作。

大强哥工作很拼命，晋升神速，6年就做到这家公司总监级别职位的，大强哥是第一人，董事长很器重他。顺便说一句，大强哥的纪录后来被我打破了。当时很多人看好大强哥，普遍认为他将来在这家公司一定可以平步青云，成为这家公司的CEO也很正常。

然而大强哥在我入职不久后就离职了，一开始传言很多，直到有一天，公司将纸质海报印刷业务全部给了大强哥，大家才恍然大悟。原来大强哥是去创业了，开始承接前公司的纸质海报印刷业务。一开始他自己没设备，就低价找代工。几年后大强哥的生意做得风生水起，自己创办了一个印刷厂。

一次偶然的机会，我和大强哥见面聊天，那时我才算是真正地结识了大强哥。虽然我们曾在一家公司共事，但我当时是人力资源部的"萌新"，他是市场部总监，而且我入职不久后他就离开了，我和他没有接触的机会。我只能从同事茶余饭后的谈论中听到关于他的传奇故事。好不容易见到，我决定要多向他请教请教。

我问大强哥："当初你的职业发展形势那么好，为什么选择离开呢？"

大强哥很实在，直接告诉我："因为我当时发现了一个商机，我觉得不抓住太可惜了。"

我好奇地问："什么商机？"

大强哥说："我发现当时承接公司纸质海报印刷的那家公司的价格'有猫腻'，印刷的价格有很大的弹性。我测算过，换一家供应商每年至少能给公司省下500万元。我多次向分管纸质海报印刷的副总经理提出要招标比价，更换这家印刷公司，副总经理始终不同意。后来我调查发现，这家印刷公司的老板原来是这个副总经理的亲戚，我就去找董事长谈了这件事。"

这是多大的生意呢？这么说吧，那家公司的主营业务是超市，当时大大小小的超市开了 600 家。超市每两周固定有促销活动，逢年过节会加开大促销活动，有的每周还会穿插小促销活动。这些活动如何让消费者知道呢？所有超市的做法都是印刷纸质海报，根据超市所处商圈的情况，每个超市每次促销活动的海报的需求量从几千份到几万份不等。

我接着问："你怎么和董事长谈的？"

大强哥说："我把这件事告诉了董事长，董事长只是'嗯'了一声。以我对董事长的了解，我想他之前应该就知道这件事。但碍于那个高管是公司元老，他也没想好该怎么办。于是我灵机一动，向董事长提了个建议，就是我辞职承接这项业务，保证给公司全市最低价。如果有比我价格低的，公司可以随时换人。董事长听完后很惊讶，说他想想再说。"

我说："那看来董事长后来同意了。"

大强哥说："是的，董事长后来找我非常认真地谈了一次。他说和我共事这些年，了解我的为人，他信任我。他说希望我留在公司发展，但也尊重我的个人选择。我考虑了一段时间后，又和董事长谈了一次，选择了承接这项业务。"

我说："以你的学历、能力和资历，不在公司继续发展真是可惜了。董事长这么信任你，未来很可能让你做 CEO。"

大强哥笑笑说："不可惜，我现在不也活得挺好嘛。在公司做 CEO 有什么好呢？每天不仅活得累，而且工作好坏很难有客观的标准。我现在成了公司的供应商，只要保证价格和品质就可以了。我觉得现在比在公司发展更好。"

大强哥没有跟我说的，是他现在的收入已经是曾经作为总监的收入的 10 倍。我从局外人的角度来看，大强哥当然也是现在更好了。

大强哥的商业模式是生态位模式。所谓生态位模式，是指在商业生态系统中找一个适合自己的位置，运用现有的资源和能力占据那个位置，让自己变得不可替代，通过在那个位置上持续为商业系统输出价值，从而赢利的模式。

在鱼类中，有一种鱼叫盲鱼，顾名思义，就是没有眼睛的鱼。这种鱼生活在没有光线的洞穴中，最早在墨西哥被发现，后来在欧洲、非洲、亚洲都有被发现。没有眼睛丝毫不影响这类鱼的行动。它们的游泳速度与其他鱼类相比也丝毫不逊色，它们可以自由地在水中穿梭。

生物学家普遍认为这种鱼是生物演化的结果：它们的祖先在数万年前是有眼睛的，但因为无意中闯入了没有光的生活环境，眼睛就变成了一个没有用的器官，于是随着时间的推移，它们的眼睛开始退化，直至消失。

生物的进化与退化，不能简单地用器官的机能来判断，而要看生物能否在适应环境的同时，让自己生活得更好。

大强哥就像盲鱼，他虽然一开始选择了一条很多人不理解的道路，但看到他后来的发展，相信很多人都会认同他当初的选择。

3.4.2　李子柒的商业模式

从2018年开始，"李子柒被央视表扬""李子柒被写入小学考卷""李子柒火遍全球"等新闻陆续出现在网友的视野中，这让很多原本不知道李子柒的人也开始看李子柒的视频。对于大多数第一次看李子柒视频的人来说，他们最大的感受是"哇，真好"。这种好是画面的美好，是意境的美好，是生活的美好，这种好仿佛就是追不到的诗和远方。

李子柒本名李佳佳，1990年出生，老家在四川省绵阳市。与吴晓波、罗振宇和樊登相比，这个"90后"资历尚浅，但李子柒个人品牌的商业价值一点都不比他们低。李子柒的商业模式非常简单，简单到每个网友都能看明白，如图 3-11 所示。

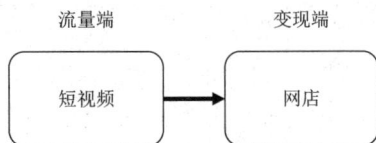

流量端　　　　　　变现端

短视频　→　网店

图3-11　李子柒的商业模式

李子柒通过独具特色的短视频积累认知、获得流量，为自己树立起个人品牌，通过网店商品销售变现。

李子柒赢在哪里？

是赢在网店商品的品质上吗？当然不是。其实仔细看李子柒网店销售的商品就会发现，它们有一个共同的特点，就是技术门槛比较低。每一种商品都是行业技术已经非常成熟，代工生产（Original Equipment Manufacturer，OEM）比较容易的商品。在网店端，李子柒的团队只要能保证商品质量稳定、供应链不出问题即可。

李子柒商业模式的核心，显然在流量端。在流量端，李子柒赢在哪里呢？其实就赢在她找到了适合自己的短视频生态位上。

李子柒的短视频呈现的是"世外桃源"的风格。同样是呈现美，商业包装出来的快餐式短视频强调的是女性妆容的美、衣着的美，而李子柒的短视频用画面之美、内容之美、境界之美、自然之美来叙事，每一帧画面都美得像一幅画，令人神往，让人回味。主人公之美与自然之美相得益彰，李子柒通过短视频内容的呈现，把乡土田园生活过成了每个人都想要的样子。

大多数短视频内容强调"动"，因为这样会给观众带来强刺激；而李子柒的短视频内容强调"静"，短视频中甚至连旁白都没有，清新恬静、柔中带刚。大多数短视频内容强调"快"，意在快速输出大量能刺激观众的信息；而李子柒的短视频强调"慢"，怡然自得、浑然天成。

这种放弃霓虹喧嚣，坚持回归乡野自然，走"慢工出细活"的精致短视频路数的方法，让李子柒在竞争早已白热化的短视频市场中为自己开拓了一个生态空间，占据了一个独特的生态位，闯出了一片天。就像盲鱼放弃了眼睛，反而活得很好。

李子柒短视频的成功是多方作用的结果。

1. 独特的个人经历

李子柒 6 岁时父亲去世，她便投奔爷爷奶奶。爷爷精于农活、做过乡厨、编过竹器、做过木工，李子柒从小给爷爷打下手，耳濡目染，也学会了这方面的技能。后来爷爷去世，奶奶独自抚养她，生活艰难。

14 岁时，李子柒在都市里漂泊打工，睡过公园长椅、做过服务员、当过 DJ。22 岁时，奶奶生病，她便回到家乡照顾奶奶，开了一个淘宝店，但生意惨淡。她拍摄短视频也不是一帆风顺的。她在尝试了几类不同风格的短视频后，才转向古风美食类，但早期的视频质量一般。

后来她拉长视频拍摄周期，不急功近利，还原食物的本来面貌，回归自然，追本溯源，又通过在视频的画面、拍摄角度、剪辑技术等各方面下功夫，把视频内容做到了极致。例如别人拍美食类短视频是做一道菜，其中用到了酱油，而她是从种豆子开始拍起，视频包含豆子的播种、生长、收获的全过程。曾经为了拍一期制作兰州牛肉面的视频，她专程去兰州找专业的拉面师傅学习。

李子柒独特的个人经历，塑造了她多才多艺、吃苦耐劳、独具匠心、潜心钻研、精益求精的品格。她的这种匠人精神是一种难能可贵的优势。

2. 短视频的红利期

李子柒的短视频最早是从 2012 年开始拍摄的，拍古风美食类的视频是从 2015 年才开始的，2016 年之后她的视频才逐渐在全网流传。那时恰好是美拍发展的红利期。随后微博开始重点推广短视频内容，李子柒赶上了微博视频内容崛起的红利期。同一时间，papi 酱也是赶上了这波风潮。

国内视频平台先后获得大量融资又逐步崛起，需要优质的视频内容填充，李子柒的视频内容是任何一个视频平台都无法拒绝的。人们在看多了灯红酒绿的短视频之后，需要看李子柒的视频让内心获得一丝宁静。

3. 文化输出大背景

李子柒的视频恰好契合了文化输出大背景。

2019 年 12 月 6 日，人民日报发表评论《文化走出去，期待更多"李子柒"》。2019 年 12 月 10 日，新华社发表评论文章《读懂"李子柒"，此中有真意》，同日，央视新闻也对李子柒给予了正面评价。2019 年 12 月 14 日，李子柒获得由《中国新闻周刊》主办的"年度影响力人物"荣誉盛典"年度文化传播人物奖"。

李子柒的视频只字未提中国文化，却有效地把中国文化传播到国外，让外国人为之惊叹。李子柒通过普通的农村生活素材，展示了美好的自然风光和实实在在的生活。即便是外国人，也能感受这种美好。李子柒的视频能够勾起他们对田园生活的向往，引起他们对中国传统文化的兴趣。

4. 资本与专业团队

李子柒是一个人吗？当然不是。李子柒的背后是资本支持和团队运营。很多网友质疑李子柒在视频中展现的多才多艺，上到辛苦的重体力劳动，下到精细的手工活，一个小姑娘真的能一个人全部完成吗？有的网友相信李子柒，有的则相反。李子柒在后续视频中加入了大量制作过程的快进片段，正是为了应对这类质疑。

抛开视频内容中李子柒的手工活，单看视频质量、光影把握、画面比例、镜头运用、后期剪辑，就算不懂视频拍摄的观众也能感受到这其中的专业程度，这些甚至和一些著名的美食纪录片相比都毫不逊色。这背后一定有一支专业的视频制作团队。李子柒网店的正常运营更是需要专业的供应链管理人员和客服人员。

实际上，在 2017 年 7 月 20 日，李子柒与杭州微念科技有限公司（现已更名为"杭州微念品牌管理有限公司"）联合成立了四川子柒文化传播有限公司，李子染持有 49% 的股份。李子柒获得了资金支持、资源支持、流量支持和专业团队，而她的主要工作，是专注于短视频内容的创作。

3.4.3　生态位的3个关键

建立生态位模式的方法主要是两个字——"卡位"。如何卡准生态位呢？这就要用到建立生态位模式的 3 个关键：识别价值位、适时能力转换和交换资源。

1. 识别价值位

很多人认为高收益必然伴随着高风险，实际上这个认知在金融投资领域也许成立，但在其他很多领域都不成立，收益高低与风险大小之间并没有必然的联系。承担与势能对等的经营风险，同时获得高收益的案例比比皆是。与其说高收益与高风险存在关系，不如说高收益与高价值存在关系。价值的大小决定了变现能力的强弱。

每个参与社会生产活动的人都有自己的位置。有的人所在位置的价值比较高，有的人所在位置的价值比较低。在生态位模式中，位置具体在哪里不是关键，这个位置是否适合自己，是否在自己现有的资源和能力下能持续创造价值，从而让自己获得最大收益才是关键。

1985 年，迈克尔·E. 波特教授（Michael E.Porter）提出了价值链（Value Chain）的概念，其含义是每个公司都可以用价值链来表示其生产价值的全过程。商业世界里，有 3 条常见的价值链，如图 3–12 所示。

行业价值链	供应	制造	流通	消费
公司价值链	采购	生产	销售	售后
产品价值链	研发	转化	品保	包装

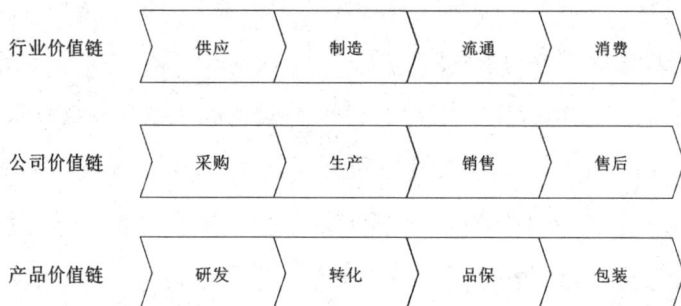

图3-12　商业世界常见的3条价值链

行业价值链是整个行业创造价值的过程。它表明了通过整个行业里不同的分工，不同的公司承担着不同的角色，最终把产品交付给消费者，完成交易。

公司价值链是整个公司创造价值的过程。它展现了一个公司经过了怎样的内部环节把产品交到下一级消费者手中，完成交易。

产品价值链是公司内部产品产生的过程。它主要围绕着一个产品，描述了要如何一环一环地让产品实现从无到有，再通过销售产品获得价值。

在商业世界中，无数的价值链相互交汇，能够形成一张价值网络。价值网络并不是平均分配的，其中有高价值的节点，也有低价值的节点。

要想找到属于自己的生态位，首先要找到自己在商业世界中的价值位。价值位有高有低，只有某些特定的价值活动才能真正地创造价值。那些价值比较高的战略环节，是关键价值位，通常对应着核心竞争力。

2. 适时能力转换

如果当前找不到生态位，很多时候是因为自己的能力不足。当发现当前的位置不是自己想要的位置时，可以转换自己的能力，以达到自己的期望。就算不是为了卡位，当发现现状与期望之间没有通路时，也可以通过能力转换来实现期望。

能力转换模型如图 3-13 所示。

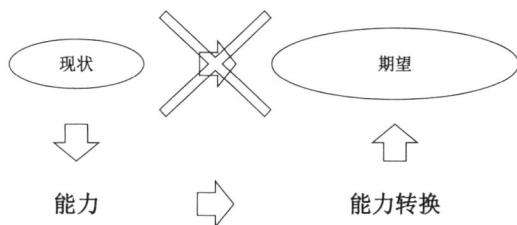

图3-13 能力转换模型

前文提到过我的写作水平很差，这不是谦虚，之前是真的很差。在开始写作前，写书只是我的一个幻想。我之前隐约感觉到出书是提高势能的最好办法，但因为缺乏写作能力，一直不敢笃定地实施。直到我的职业发展遇到瓶颈，我才发现，要打破僵局，就必须要做一些原理上正确，但是我之前一直没做的事。

要出书，至少需要具备写作能力，但我当时不具备写作能力，怎么办呢？那就培养自己的写作能力。如何培养写作能力呢？没有比开始写作更好的方法了。要想让脑子里的想法实现，最好的方法就是开始行动。

当然我必须承认，行动的过程是痛苦的，但这个槛必须要迈过去。很多人在自己当前的生态位上习惯了安逸，一点都不愿意通过行动来改变现状。就像要取消高速路收费站岗位时，有的高速收费员说："我已经30岁了，什么都不会，怎么找工作？"

转换能力要提前，最好不要等到用的时候才想起来而临时转换。一般在定好规划和目标后，根据自己2～3年后的期望，就要提前安排能力的转换。

3. 交换资源

除了能力外，资源对卡位也非常重要。能力是内部的，资源是外部的。与能力不同的是，资源的转换难度比较大，但资源可以交换。交换资源的原理与交换势能、交换人际关系的原理相同。

3.4.4　如何应用生态位模式

生态位无所谓高级不高级，只有适合不适合。就像盲鱼在自然界中找到了生态位，可能看起来不高级，但它能让自己很好地生存下去。应用生态位模式之前，要盘点自己所处的生态位，找到适合自己的生态位。生态位模式有 3 类常见的应用方式。

1. 占据某种核心资源

资源位等于价值位，占据某种核心资源就等于占据了核心价值位。资源型生意会让人具备某种特殊的优势。例如获得某行业的经营许可，成为某证书授权的培训机构，获取参与制定某行业标准的资格等都是占据某种核心资源的体现。

资源并非可遇不可求，个体可以根据自身领域尝试抢占某种核心资源。例如，在如今线上课程已经销售乏力的情况下，我的一个朋友拿到了某机构颁发证书的培训资格，依然能够把线上课程销售得很好。

假如自身不具备足够的资源，该如何获取资源呢？

（1）通过建立人际关系交换资源。

（2）通过搭建势能争取资源。

（3）通过运用杠杆获取资源。关于如何运用杠杆，我们将在第 4 章中提到。

2. 成为某个连接点

商业世界呈网状结构，供应链是网，价值链也是网。网都有一个特点——存在连接点。如果能够成为某个连接点，尤其是关键连接点，就能够占据生态位。连接点并不是新鲜概念，线下的传统商超、线上的京东超市其实都是连接点，作为销售终端，它们连接着商品和顾客。连接点的本质是端到端，通过连接解决两端的问题。

目前快递行业解决"最后一公里"的问题用的就是连接点模式。国内各大快递公司都在深耕"最后一公里"，最常见的是自提点和自提柜。从目前的运行情况来看，自提点比自提柜运行得更好。为什么？因为很多快递自提点是个体独立创业，服务有保障。

3. 尝试角色转换

有时候尝试转换自己的角色，就能够实现生态位转换。例如 A 和 B 两家公司的情况相似，都需要建设绩效管理体系。张三和李四的情况也相似，都有能力帮助公司建设绩效管理体系。张三是个资深职场人士，李四是个资深管理咨询师。

A 公司以年薪 50 万元聘任张三做公司的副总经理，让他分管人力资源管理工作，担任绩效管理项目组组长，负责推进公司的绩效管理体系建设。A 公司要求张三在 3 个月之内完成绩效管理体系建设。

B 公司与李四商讨后，决定将绩效管理体系建设项目外包给李四，由李四担任项目组组长。为完成项目，李四可以支配公司中必要的资源。B 公司同样要求李四在 3 个月内完成，给李四开出的价格是 30 万元。

同样是帮助公司建设绩效管理体系，李四的"单位时间收益"显然高于张三，而且因为李四与张三的角色不同，在同样的 3 个月时间内，李四在承接 B 公司项目的同时，还可以承接其他公司的项目，进一步积累个人势能。张三在完成绩效管理体系建设的同时，还要负责很多其他无关的工作。这就是角色不同带来的单位时间收益不同。

第 **4** 章　选准定位

选准定位

定位就像"二次投胎"。人们无法选择自己的出身，却可以选择自己的赛道，选择自己的活法。定位可以帮助个体避开不必要的竞争，帮助他人聚焦和认知自己。定位包括领域定位和功能定位。若个体无法满足自身的功能定位，可以选择与他人合作。

4.1 领域定位的方法

选准定位，事半功倍。互联网塑造了很多大众领域的"神话"，在细分领域，依然存在"明星机会"。选定位就是选赛道，主要应考虑3个方面的因素，一是赛道是否适合自己；二是赛道值不值得持续跑下去；三是同赛道竞争者的竞争力如何，自己能否成为头部。

4.1.1 互联网还有明星机会吗

没有定位能不能实现个体崛起呢？

也许能，但会很难。

定位有什么好处呢？

定位是一种差异化的竞争策略，能够显著增强个体的竞争力。假如存在条件相同的两个人，一个人有定位，另一个人没有定位，那么有定位的人一定会比没有定位的人更容易崛起。因为定位具备三大作用。

1. 缩小范围

定位可以帮助个体快速缩小竞争范围。假如没有定位，个体相当于把自己置身于互联网的汪洋大海之中，与所有人竞争。有了定位，就是为自己选择了一个岛屿，个体的竞争者变成了同样身处这个岛的其他人。

2. 凸显特质

定位能够凸显个体 IP 特质，能让人们快速知道从个体 IP 这里能得到什么。在互联网商业世界中，我们是谁不重要，我们能为别人提供什么价值才重要。定位提供了一种识别功能，能让他人迅速了解某个体 IP 能提供何种价值。

3. 定向关注

定位能够提高个体被特定群体关注的可能性。每个细分领域中都有特定的受众群体，这类群体希望通过关注这个细分领域中的特定 IP 来满足自身需求。清晰的定位更容易获得流量，有助于快速被关注。

大众领域存在明星机会吗？

也许存在，但对普通人来说，可以简单地认为不存在。大众领域是一个充分竞争市场，充斥着大量资本和资源，不具备较强吸引力、缺乏独特性、没有明显差异化的人很难在大众领域立足，但细分领域还存在机会。

大众领域虽然市场空间大、可能性比较大、上限比较高，但相应的，大众领域的竞争也非常激烈，崛起需要的资源或资本也比较多。细分领域虽然市场空间小，但很多领域的可能性并不低，上限也不低，重要的是，细分领域中的竞争比大众领域小。

如何判断一个细分领域是否存在明星机会？

1. 市场空间

判断一个细分领域值不值得进入，首先要看细分领域的市场空间。市场空间决定了一个领域的商业价值。商业价值与个人兴趣及市场热度没有关系，有些领域虽然个人比较感兴趣，市场热度也比较高，但其商业价值比较低，市场空间也不大。

2. 竞争环境

细分领域的竞争环境决定了进入一个领域的难易程度。看竞争环境时，首先看这个领域处在头部的 IP 的情况，其次看处在腰部的 IP 的情况，最后看处在底部的 IP 的情况。如果这个领域头部的 IP 坚实且强大，腰部的 IP 数量很多且实力不俗，底部的 IP 数量巨大且实力也很强，那就意味着这个领域的竞争非常激烈。

3. 自身情况

盘点自身势能，查找自身优势，理清自身掌握的资源，从而判断自己在这个领域中所处的位置。这一点可以和竞争环境结合在一起分析。如果某个细分领域的市场空间大、竞争环境适当，恰好也符合自身优势，那么进入该领域通常是个比较好的机会。

我一开始的定位是失败的，当时我给自己的定位是职场。为什么选职场？因为我觉得职场的市场空间大，受众群体比较多，未来的可能性也比较高。当时我在简书上写文章，也写自己的个人公众号和微博，主要写与职场相关的内容。虽然我积累了几万个粉丝，可一直没找到合适的商业模式。后来我出的第一本书写的就是与职场和个人成长相关的内容，销量也很差。

为什么选职场这个定位会失败？

（1）职场定位表面上看起来受众巨大，中国的几亿人口都是潜在受众，但实际上这个定位过于宏观，甚至有些虚无缥缈，不够具体。从表面上看，职场定位的市场空间巨大，但没有落实到具体的需求上，实际上这个定位的商业价值也是虚无缥缈的。有些需求人们愿意为之付费，有些需求人们更趋向于用免费的资源满足。职场中存在大量的假需求，比如如何求职，这看起来是个巨大的需求，但互联网上存在大量能解决这个需求的免费且优质的内容。

（2）职场领域的竞争非常激烈。为什么？因为门槛太低了。任何一个有几年工作经验，期望通过互联网获得势能的人都可以给自己贴上一个职场的标签。在一些流量比较大的平台上，甚至有涉世未深的大学生将"攒"出来的知识做成不同形式的内容，也给自己贴上了"职场导师"的标签，到处教别人怎么做职场上下级的沟通，竟也收获了不少粉丝。

（3）职场这个定位究竟是解决什么问题的？我说不清楚。"职场达人""职场导师"这类标签究竟是解决什么问题的？我说不清楚。人们通过职场这个领域的 IP 能获得什么价值？我也说不清楚。这些问题都说不清楚，这个领域就不应轻易进入。

后来我聚焦到自己的老本行人力资源管理领域，我是这样思考的。

（1）中国有多少人力资源管理从业者呢？根据相关行业机构的粗略估计，中国的人力资源管理从业者超过 600 万人，并以与经济发展相关的比率每年小幅度增长。同时，人力资源管理从业者是动态变化的，每年大约有 60 万人不再从事这个行业，也有大约 60 多万人加入这个行业。

（2）人力资源管理领域有哪些商业机会呢？人力资源管理是每个企业都会用到的，这就决定了人力资源管理领域有非常强的 B 端需求。除了从事人力资源管理的 HR，上到企业家，下到基层管理者，任何一级管理者在日常管理员工时都要用到人力资源管理技能。人力资源管理类的培训通常可以和企业管理类培训归为一类，一直是培训领域的大需求。

（3）人力资源管理品类图书的销量如何呢？粗略估算，近些年平均每年人力资源管理相关品类图书的总销量大约为 240 万册。这个数字虽然和一些大品类相比并不算高，却也说明人力资源管理相关品类图书存在不小的市场需求。如果成为头部，第一步以达成 10% 的市场份额为目标，每年实现 24 万册的图书销售也是非常不错的成绩。

（4）人力资源管理领域的头部 IP 是谁呢？我在这一领域做了这么多年，除了知道一些比较知名的讲师外，并不知道谁是头部 IP。尤其是在图书市场和线上课程市场，这个领域并不存在绝对的头部 IP，这是非常好的机会。

（5）我的人力资源管理经验丰富，我每个模块都做过，有非常专业的见解，有在世界 500 强公司工作的经验，又是上市公司的高管。我既熟悉外企的人力资源管理，又知道本土企业的人力资源管理；既做过顶层设计，又熟悉实操工具；既有扎实的理论基础，又有丰富的实战经验。这是我的核心竞争力，我在这个领域具有不可替代的优势。

4.1.2 如何聚焦价值寻找定位

如何找到高价值的定位？

好的定位不仅能够持续为自己创造价值，而且能让自己终身受益。如果定位选择有问题，不仅会浪费自己的时间，而且会限制一个人的成长和发展。要想找到好的定位，可以运用寻找定位的9宫格工具，如图4-1所示。

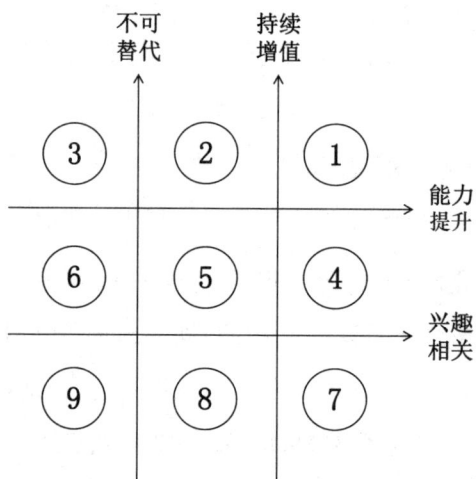

图4-1　寻找定位的9宫格工具

寻找定位的9宫格工具中有4个评价维度。

1. 持续增值

持续增值在寻找定位中具备最高的优先级。

好的定位自带发展属性，当个体在这个定位中长期发展时，它会随着时间的推移让个体不断增值。这类定位的上限很高，通常是没有天花板的。相反，如果是上限不高、天花板比较低、容易走下坡路的定位，相对就较差。

例如与"美丽"相关的定位通常与年龄的联系比较紧密，随着年龄的增长，与"美丽"相关的定位比较容易走下坡路，很可能出现年龄越大、价值越低的特性；但与"知识""技能""经验"等相关的定位通常比较容易随着时间的推移持续增值，这类定位在很多领域呈现出年龄越大价值越高的特性。

2. 不可替代

不可替代是寻找定位时第 2 位要考虑的。

好的定位会让持续从事这个领域的人获得不可替代性。这通常是因为处在这类定位中的个体需要从事大量比较复杂的工作，这类工作通常会随着时间的推移自成一派，很难被人工智能复制、很难被他人模仿。

例如与"数码"相关的定位的不可替代性可能比较差，数码类的知识和信息就摆在那里，A 可以解读某个数码产品，B 也可以解读这个数码产品；但与"漫画"相关的定位比较容易形成个人风格，尤其是某个漫画作品成为 IP 后，其不可替代性就会比较强。

3. 能力增强

能力提升是寻找定位时第 3 位要考虑的。

好的定位能够不断滋养个体，会让个体的能力持续增强。能力增强的同时也会增强个体的不可替代性。这类定位的特点通常是能够与时俱进，或者存在大量值得深挖的知识、技能、经验，可以扩充个体的发展边界。

例如与"求职面试"相关的定位的知识有限，当然如果硬要"深挖"，也可以发掘出一些相关领域的知识，但这个定位通常具备一定的消耗性，个体因为深挖这个领域而获得的能力增长有限；但与"人力资源"相关的定位的知识、技能和经验的广度与深度值得人一生学习，长期深挖这个领域，个体的能力能够得到明显增强。

4. 兴趣相关

寻找定位最后要考虑的，是兴趣相关。

如果定位能够和自己的兴趣相关，是最好的，如果不能，也不要强求。有的人没有经过客观分析，直接把个人兴趣变成定位，这种做法是欠妥的。心理学中有一个概念叫"虚假同感偏差"（False Consensus Bias），意思是人们通常会觉得自己喜欢的也会被大多数人喜欢，觉得自己的爱好也会是大多数人的爱好，从而高估自己的兴趣的受众群体数量。

寻找定位的9宫格工具中，①～⑨代表的含义如下。

① 高持续增值、高不可替代、高能力提升、高兴趣相关。

② 高持续增值、高不可替代、中能力提升、中兴趣相关。

③ 高持续增值、高不可替代、低能力提升、低兴趣相关。

④ 中持续增值、中不可替代、高能力提升、高兴趣相关。

⑤ 中持续增值、中不可替代、中能力提升、中兴趣相关。

⑥ 中持续增值、中不可替代、低能力提升、低兴趣相关。

⑦ 低持续增值、低不可替代、高能力提升、高兴趣相关。

⑧ 低持续增值、低不可替代、中能力提升、中兴趣相关。

⑨ 低持续增值、低不可替代、低能力提升、低兴趣相关。

在寻找定位时，可以把与自身相关的领域列出来，将其分别填入寻找定位的9宫格工具中，根据4个评价维度的优先级确定自己的定位，一般来说，①≥②≥③≥④≥⑤≥⑥≥⑦≥⑧≥⑨。

4.1.3　定位较多时，如何选择

当运用9宫格工具寻找定位时，发现自己可选择的定位太多，舍不得删除，或者有"选择困难症"，不知道如何抉择时，该怎么办呢？

这时可以运用在学校考试时，试卷设置考试题的顺序进行选择。考试题的设置顺序中蕴含着很多有助于解决人生难题的隐喻。定位选择的4个步骤如图4-2所示。

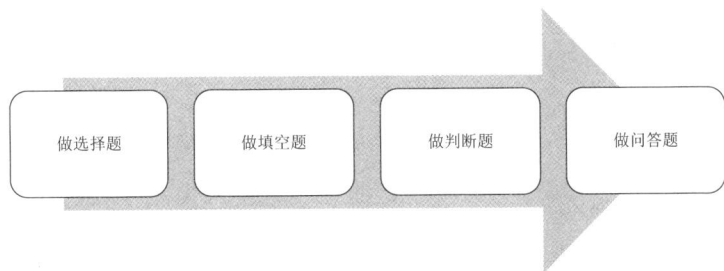

图4-2 定位选择的4个步骤

1. 做选择题

首先参考自己的价值排序，搞清楚自己想要什么、不想要什么、什么对自己来说比较重要、什么比较无关紧要。关于如何找到自己的价值排序，第1章中介绍了相关内容。

2. 做填空题

运用9宫格工具把适合自己的领域定位全部列出来，然后根据自己的价值排序，找到在价值排序中靠前的定位，将其填入对应的价值排序中。

3. 做判断题

重新审视自己的价值排序和对应的定位，然后判断自己的价值排序和定位之间的关系是否正确。重复之前的步骤，判断自己是否存在其他的选择。

4. 做问答题

问问自己，目前排在第一的定位，是不是自己想要的。此时要忽略排在后面的定位，只问自己对排在第一的定位能不能接受。想象自己选择这个定位一段时间后的状态，如果可以接受，那么就可以选择该定位。

例如张三选择定位时始终拿不定主意，此时张三就可以运用定位选择的4个步骤做出决策。

1. 做选择题

经过价值排序后，张三发现自己的价值排序的前3位分别是帮助别人、获得知识和金钱回报。这3项价值排序是张三的底层价值观，是张三内心希望通过自身的事业发展能够实现的价值。

2. 做填空题

张三运用9宫格工具找到了3个定位，分别是读书、培训和育儿。张三很喜欢读书，组织过一段时间的读书会，有读书相关的优势；张三之前的工作是培训管理，有8年经验，对培训管理有些心得，平时偶尔也会提供一些与企业培训管理相关的内部培训服务；张三怀孕后做过一段时间全职妈妈，对新生儿的养育比较有心得。

这3个定位与张三的3项价值排序之间存在怎样的对应关系呢？

（1）帮助别人。读书、培训和育儿这3个定位都可以做到，在这一点上，3个定位难分伯仲。

（2）获得知识。读书更容易做到，能够获取大量自己原本不知道的知识；培训次之，培训具备比读书来说相对较少的知识变换性和创新性，且存在一定的消耗性；育儿知识有限，育儿更偏向于特定知识在不同的人身上的重复应用。

（3）金钱回报。对于张三来说，读书给她带来的金钱回报高于培训，培训给她带来的金钱回报高于育儿。考虑未来一段时期的经济收益，3个定位的排序应该是读书＞培训＞育儿。

3. 做判断题

张三重新审视了自己的价值排序和定位选择，重新思考价值排序和定位之间的对应关系，认为当前的判断是正确的。经过前面的步骤，读书这个定位是最适合她的定位。

4. 做问答题

张三问自己：将来成为一名领读人是自己想要的吗？自己能够接受吗？答案是能够接受，她愿意认可这个定位。

经过这4步，张三给自己选择的定位是读书。

其实读书还是有些宏观，这个领域的竞争比较激烈。我会建议张三在读书领域之下，选择某一类型的图书。例如科幻小说类图书领读、经营管理类图书领读或国学经典类图书领读，这样更容易让他人快速识别自己，更容易占据生态位。

4.2　功能定位的方法

领域定位是选择大赛道，功能定位是选择小赛道。选大赛道主要看价值，选小赛道主要看优势。术业有专攻，专注于自己擅长的事，把不擅长的事"外包"给别人做，才能让自己的优势越来越突出。

4.2.1　补短板真的有用吗

有这样一则寓言故事。

为了和人类一样聪明，森林里的动物们开办了一所学校。学校为它们开设了5门课程：唱歌、跳舞、跑步、爬山和游泳。小兔子被送进了这所动物学校，它最喜欢跑步课，并且总是得第一；最不喜欢游泳课，一上游泳课它就非常痛苦。

但是兔爸爸和兔妈妈要求小兔子什么都学，不允许它有所放弃。小兔子只好每天垂头丧气地到学校上学，老师问它是不是在为游泳太差而烦恼，小兔子点点头，盼望得到老师的帮助。老师说，其实这个问题很容易解决，你的跑步是强项，但是游泳是弱项，这样好了，你以后不用上跑步课了，可以专心练习游泳……

小兔子根本不是学游泳的料，即使再刻苦、再努力，它也不会成为游泳能手；相反，如果训练得法，它也许会成为跑步冠军。在互联网商业世界中，酒提原理比木桶原理更适用。

木桶原理说的是木桶盛水的多少由它最短的一块木板的长度决定。由此推断，每个人所取得的成就，由短板的长度决定。根据这一理论，很多人花费大量时间，拼命补能力上的短板。可悲的是，补来补去，到最后大部分人都"差不多"了，看起来就好像是从一个模子里抠出来的。结果是，大部分人的努力没有让自己走向卓越，反而让自己变得越来越平庸。

补短板真的那么重要吗？

季羡林当年数学只考4分，但这并不影响他成为一位杰出的文学家与历史学家；臧克家的数学考0分，但这并不影响他成为一位杰出的文学家；吴晗的数学两次考0分，但这并不影响他成为一位杰出的历史学家；马云的数学曾考过1分，但这并不影响他成为一位杰出的企业家。

常有人问我这样的问题，"我做不好时间管理，我该怎么提高自己的时间管理能力""我对数字超级不敏感，我要怎么做才能对数字敏感""我不喜欢与人沟通，我要怎么做让自己变得健谈"。

回答这些问题前，你也许应该先问自己：这些能力是必须的吗？可不可以放弃？能不能利用合作伙伴的能力？如果必须使用这些能力，但能力不足，就需要刻意练习来增强这些能力；如果有些能力其实基本用不上或根本不会用，又何必纠结？

例如一个专门做职业礼仪培训的培训师，估计一生也用不了几次财务领域的全面预算管理能力；一个金融行业的管理者，估计也基本用不上机械设计制图能力；一个专注做手工艺品的匠人，又何必去学习编程技能？

我曾经有位同事在技术部门，业务能力一流，善于钻研和创新。他很专注，把所有精力都用在研究技术的突破和产品的创新上。凡是他带团队做出来的产品，都明显优于其他人的产品。但这人也有个很大的缺陷，就是不善于处理人际关系。很难想象部门负责人跟 CEO 一言不合就拍桌子吧？但他敢！很难想象下属认为领导的想法不对就直接不执行命令吧？他敢！

通常来说，这样的人在职场上可能很难有好的发展，但他发展得很好。为什么？因为他有特长，这个特长足以弥补他的缺陷。CEO 能容忍他，正是因为他的技术研发能力。而他的这种能力，也确实为公司带来了巨大的价值。许多人以为善于沟通、搞好关系是职场的"王道"，但一个人能在职场上走多远，往往取决于其核心竞争力。

不要做木桶，要做一只酒提。酒提是打酒的工具。以前的酒都装在大坛子里，因为拿起坛子来倒太费力，人们便发明了酒提，用于深入酒坛里舀酒。酒提的底部与木桶相似，都是一种容器，但区别在于酒提有个很长的手柄。

酒提的底部相当于人的基本素质，例如人的智商、三观等。酒提的底非常重要，没有底就是"竹篮打水一场空"。有了酒提底，还要有酒提壁。酒提壁相当于人的基本能力，例如沟通能力、思考能力、行动能力等。素质＋能力，构成了酒提的基本功能。

酒提原理的核心部分是酒提的手柄。如果酒提没有手柄，其他部分加起来最多也就是个杯子。手柄代表的，是每个人的核心竞争力，是可以拿出来"秒杀"别人的终极技能，而这个技能一定是个体既感兴趣、又擅长的优势能力。

手柄既然是酒提的关键，就需要长时间的打磨和积累。不要幻想自己具备超能力，任何一个行业或领域的"大V"具备的"超能力"都是经过长时间刻意练习得来的。刻意练习的时长决定了手柄的长度，决定了个体可以在多深的酒坛中打酒。

酒提原理也可以从经济学的角度来解释。

（1）从机会成本的角度来思考。如果做出一个选择，就必须放弃其他的选择。但每放弃一个选择，都涉及这个选择的机会成本。如果选择擅长的事情，将放弃最小的机会成本，获得最大的效益。

（2）从效率原则的角度来思考。如果张三擅长画画，不擅长打篮球，那么张三画画的效率显然会高于打篮球的效率。张三画画，可以让自己更得心应手，不会浪费自己的努力和付出，可以收获最大的成果。

选择功能定位应该把喜欢的和擅长的结合起来考虑，寻找两者之间的交集。

百度创始人李彦宏曾经在上海交通大学"创新与创业大讲堂"报告会上谈起自己的创业体会："百度始终没有去做其他事情，不管那些事情多么赚钱。短信曾经非常赚钱，游戏到现在仍然非常赚钱，门户可以做得非常大，我们都没有去做。因为我的理想并不在那些领域，我喜欢的是通过我的技术让更多的人更容易地获得信息。"

"作为一个工程师出身的创业者，我希望把自己的技术运用到社会上去，让更多的人从中获得收益。这么多年来，我之所以在大家看来没走什么弯路，很重要的原因就是我只做自己喜欢的并且擅长的事。"

"开始创业的时候，每个人一定要想想自己最擅长做什么。当前，整个商业社会的竞争是非常充分、非常激烈的，如果说这件事情别人做起来比你更擅长，那你再喜欢它也没有用，你是做不过人家的。所以，这种情况下一定要考虑自己最擅长做的事情，再去做。"

4.2.2 如何划分功能属性

在互联网商业世界中，都有哪些功能属性呢？

互联网商业世界的一切价值创造都离不开 3 个维度——产品、流量和转化率，所有的销售都围绕这 3 个维度展开。与这 3 个维度对应的，是 4 种不同的角色：产品人、运营人、营销人、媒体人。3 个维度和 4 个角色构成了"3+4 模型"，如图 4-3 所示。

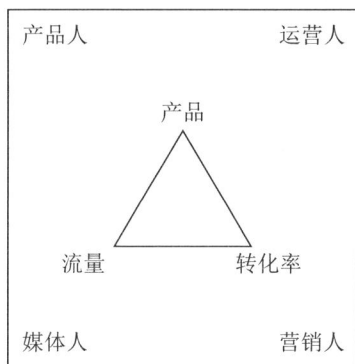

图4-3　互联网商业世界的"3+4模型"

在所有成功的互联网商业案例中，3 个维度和 4 个角色缺一不可。个体功能属性的定位主要落在 4 个角色上。

产品人角色主要负责生产和输出产品或服务。产品或服务是满足用户需求的媒介。

运营人角色主要解决连接和关系问题，负责把产品或服务与渠道连接，保证用户获得产品或服务。

营销人角色主要负责产品或服务的包装和营销，以让产品或服务获得最大程度的销售。

媒体人角色经营着流量终端，直接与用户交流，能促进产品或服务的曝光。

下面以人力资源管理领域的某个线上知识付费课程为例。

产品人为课程品质负责。产品人根据课程主题和目标受众群体的情况，负责线上课程的开发和制作，保证课程大纲有吸引力，课程内容有干货、工具和方法论，能解决实际问题，保证学员听完课程之后有收获。

运营人为运转效率负责。运营人围绕用户需求和产品属性，协调产品人、营销人和媒体人的关系，保证每个角色各司其职，保证运营流程畅通高效，保证线上课程最终又快又好地传递给用户，并保证售后服务的质量。

营销人为最终的销售负责。营销人找准这套课程的核心卖点，围绕用户的痛点制订营销计划，给这套课程制定销售方案、设计营销方式、撰写相关软文等，保证达成销售目标。

媒体人为曝光流量负责。媒体人联合其他媒体终端，例如相关微信公众号、微博、抖音等流量端，在恰当的时间，按照恰当的节奏，将课程推广的相关内容精准地推送给目标受众。

一个人有可能同时扮演这4个角色吗？

有可能，但同时扮演这4个角色的人通常难成气候。从短期看，这样的人也许能走通一个商业闭环，但从长期看，这样的人的成长性有限。因为4个角色都扮演用的是木桶原理，专注扮演好1个角色用的是酒提原理。一个人的时间和精力是有限的，4个角色都扮演不如专注于扮演一个角色，其他角色由合作方来扮演。

以我的图书出版为例，我的功能定位是产品人，我专注于做好酒提。图书要想卖好，产品只是一方面；另一方面，"写书哥"和出版社的编辑团队分别担任起了运营人、营销人和媒体人的角色，我们三方通力合作、各司其职，才扮演好了 4 个角色，促进了产品的销售。

很多没有出过书的人认为直接找出版社出书比找图书策划人出书更好，原因是"去掉中间商赚差价"，实际情况刚好相反。

为什么？

因为中间商不仅要赚差价，还要担任相应的角色。当中间商赚的差价大于其担任角色的价值时，去掉中间商赚差价的逻辑才是成立的。而现实往往是中间商赚的差价小于其担任角色的价值，也就是说中间商虽然会赚差价，但总营收更多了，自己赚的钱也更多了。

中国的电商业已经发展了约 20 年，从最初打着去掉中间商赚差价，到今天已经能保证全国大多数城市生鲜品在 24 小时内送达，中间商消失了吗？没有。人们买的生鲜品全都直接来自生产者吗？并不是，绝大多数的商品依然是经销商在卖。

因为经销商担任着运营人、营销人和媒体人的角色。生产者只需要做好自己产品人的角色。分工带来效率，这是经济学的基本规律。

一个人什么都做，效率反而更低。信息互通让很多人觉得角色门槛变低了，以为自己什么都可以做。实际上，利用信息互通加强合作，让更多人进入自己的商业模式中的人更容易发展得好。

4.2.3 如何寻找功能定位

如何寻找自身的优势，从而找到适合自己的功能定位呢？

首先要找准优势领域，可以采用 SIGN 模型，如图 4-4 所示。

1. Success（成功）

典型感受：充实、高效、比较强的创造力和成就感。

具体表现：当人们做某领域的事情时，比别人做得更快，比别人发挥得更好，比别人更能行云流水般地一气呵成。例如，在写某个主题的文章时，周围的人对这个主题没有头绪，有人却可以文思如泉涌，信手拈来，妙语连珠。

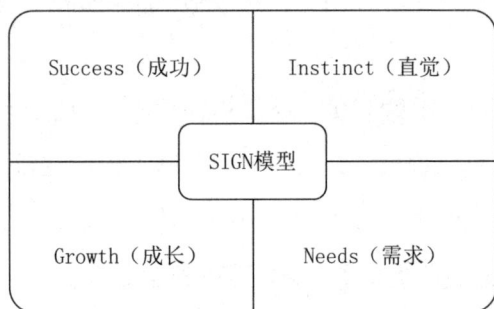

图4-4　SIGN模型

2. Instinct（直觉）

典型感受：期待、兴奋、有比较强的吸引力和探索欲。

具体表现：当人们看到别人做某个领域的事情时，心中会燃起一股"我也想做这件事"的念头；如果总没机会，他就会对做这件事充满期待；当开始做这件事后，他会有兴奋感，会对这件事进行充分探索。

3. Growth（成长）

典型感受：轻松、简单、有比较强的专注力和求知欲。

具体表现：当人们做某个领域的事情时，感觉较容易上手，做得比别人更快，比较不容易受外界干扰，在该领域的学习能力很强，甚至有时能无师自通，学习后的认知水准比他人更高。

4. Needs（需求）

典型感受：想要、需要、比较强的存在感和满足感。

具体表现：当人们不做某个领域的事情时，会觉得难受，非常想要成为该领域的某类人，非常想要达到与该领域相关的某个状态；在该领域做事时，能获得存在感；当在该领域达到某种状态时，能获得满足感。

寻找自身优势可以用 SIGN 模型的原理通过评分表给自己评分，如表 4-1 所示。

表4-1 SIGN模型评分表

维度	A	B	C
Success（成功）			
Instinct（直觉）			
Growth（成长）			
Needs（需求）			
合计			

填写 SIGN 模型评分表可以分以下 3 步进行。

（1）把与自身相关的领域写入 SIGN 模型评分表中。

（2）对不同优势的程度高低按 1 ～ 5 分的分值，填入 SIGN 模型评分表中。

（3）将不同领域内的分值相加后，得到总分。比较各领域的总分，选出适合自身的功能定位。

这个工具除了可以用来寻找功能定位之外，也可以用来寻找领域定位。在寻找领域定位时，这个工具最好和 9 宫格工具一起使用。

例如张三是一位高中孩子的母亲，一直从事财务管理相关工作，是一家上市公司的高级财务经理。孩子临近高考，张三自学了很多高考志愿填报相关知识，发现自己入门和学习都很快。

由于年龄和职位的原因，张三在工作中总能遇到年轻同事问自己与职业生涯规划相关的问题，渐渐的，张三对职业生涯规划也产生了浓厚的兴趣。

张三目前可选的，有财务管理、高考志愿填报和职业生涯规划 3 个领域。张三在选择自己的优势领域时，运用了 SIGN 模型评分表，得到的分值如表 4-2 所示。

表4-2　　SIGN模型在选择领域定位时的评分应用案例

维度	财务管理	高考志愿填报	职业生涯规划
Success（成功）	3	5	4
Instinct（直觉）	4	5	2
Growth（成长）	3	5	4
Needs（需求）	3	4	4
合计	13	19	14

　　根据 SIGN 模型评分表的结果，张三可以判断在这 3 个领域中，自己在高考志愿填报这个领域具备相对优势。需要注意的是，选择优势领域只是从自身出发，根据自身优势选择的，并没有考虑该领域的市场规模大小、竞争激烈程度、是否存在成功案例等其他因素。因此，在选择定位领域时，不能只考虑自身的优势领域，而是要和 9 宫格工具搭配使用。

　　假设张三在使用 9 宫格工具之后，选定高考志愿填报作为领域定位。在高考志愿填报这个领域定位中，同样有产品人、运营人、媒体人、营销人 4 种角色。

　　产品人负责高考志愿填报的图书编写、线上和线下课程的制作，以及线上和线下的咨询服务。

　　运营人统筹各方关系，保证将产品顺利交付给用户。

　　媒体人做高考志愿填报相关营销文章的构思和宣传，发现和吸引潜在用户的关注。

　　营销人负责图书、线上和线下课程的售卖以及招生工作。

　　如何选择功能定位呢？

　　张三依然应用 SIGN 模型评分表来进行，她的功能定位的评分结果如表 4-3 所示。

表4-3　SIGN模型在选择功能定位时的评分应用案例

维度	产品人	运营人	媒体人	营销人
Success（成功）	5	4	5	5
Instinct（直觉）	5	3	3	2
Growth（成长）	5	5	3	4
Needs（需求）	5	3	3	3
合计	20	15	14	14

张三根据自身情况打分后，发现产品人更适合自己的功能定位。此时张三可以把自己的重点放在产品人的相关工作上，把运营人、媒体人和营销人的角色"外包"给合作方来做，也可以自建团队或加入他人的团队，由自己担任产品人的角色，团队成员担任其他的角色。

4.3　合作方选择与管理

选择合作方时，一定要擦亮双眼，反复斟酌，确认好双方的权利与义务之后再合作。

4.3.1　选择合作方要注意什么

我目前的合作方有哪些呢？

以我的线上课程为例，因为我的领域定位是人力资源管理，功能定位是产品人，所以我在寻找合作方时，主要选择人力资源管理垂直领域中能够承担起运营人、营销人和媒体人角色的机构或个人。在人力资源管理领域，运营人、营销人和媒体人这三大角色恰好集中在我目前合作的这类垂直领域的机构中。

这类机构的特点是运营和掌握着多个人力资源管理的自媒体账号，积累了一定量的粉丝，已经能够通过广告收益变现。为了扩宽变现渠道，这类机构尝试做知识付费产品，愿意与优质的内容生产者合作。我的短板可以由这类机构的长板补足，这些机构的短板我可以补足，于是我与这类机构一拍即合。

我目前已经做了 12 套线上课程，与中国超过 15 个人力资源垂直领域线上课程平台有合作。这些线上课程平台有的是自建系统，有的是基于千聊、荔枝微课和小鹅通等平台的直播间。为了扩大在公共平台的影响力，我还在喜马拉雅、网易云课堂、插坐学院等 5 个公共综合领域的线上课程平台投放线上课程。

如何选择合作方？

选择合作方的前提是明确自己的领域定位和功能定位。通过领域定位，找到赛道内处在头部的合作对象；通过功能定位，找准自己和合作方在合作中的分工和关系。明确这些之后，选择合作方可以遵循以下三大原则。

1. 互补原则

合作方的选择与自己的能力应当是互补的。如果合作方擅长的事恰好也是自己擅长的事，合作方做不到的事自己也做不到，那合作将失去意义。例如内容生产者应当优先和流量平台合作，而不是优先与内容机构合作。

2. 双赢原则

既然是合作，合作双方就应当保持相互滋养的关系。如果合作方一味从我们的身上榨取资源，只是利用我们现有的资源达到自己的目的，不愿意投入一点自己的资源，这样的合作就不值得继续。

曾经有个人力资源管理的自媒体平台刚开始运行线上课程业务时，期望和我合作开设线上课程。那时候我恰好有本新书上市，期望这个自媒体平台能帮忙宣传一下。结果对方明确表示不可以，理由是线上课程合作已经有利益分成，书的宣传要额外收费。

我说可以在宣传线上课程的时候一并宣传书,对方也说不可以,这样可能会使宣传的重心偏离。后来我没有和这个自媒体平台合作。原因是这个自媒体平台显然只是在全网寻找内容以丰富自己的品类。就像是自己开了一家超市,期望以零成本进货。我又不缺这一个新平台售卖课程,这个平台对我来说没有一点额外的支持,我为什么要跟他合作呢?

当然,对于势能比较低的IP来说,也许他们更希望有曝光的机会。这样的IP与这类机构合作也许是适合的,一方面IP能获得更多的曝光,另一方面机构能获得丰富的课程品类。能达成双赢,合作就能成立。

3. 头部原则

选择合作方时应当尽量选择规模较大、在领域内处在头部的、综合实力较强的机构,不建议选择那些刚成立的、不知名的、排名靠后的机构。例如选择与流量型机构合作,最好与领域内流量最大的机构合作,而且要验证该机构流量数据的真实性和有效性。

如今很多流量平台都有大大小小的MCN机构,不过这类机构鱼龙混杂,质量差异非常明显。加入头部优秀的MCN机构确实对个体有帮助,但大多数位于腰部和尾部的MCN机构没有任何加入的价值。

4.3.2 与合作方谈判要注意什么

与合作方谈判时,要注意以下3个关键点。

1. 谨慎承诺

不要轻易对合作方做出承诺,如果合作方轻易做出承诺,也不要轻易相信。商务合作双方都希望获得好的结果,可是能不能获得好结果很难说。拿着几十亿元的融资最后失败的商业案例也屡见不鲜,更不用说普通的商务合作,谁也不能保证结果必然是好的。

很多合作方与我们合作时,常常期望我们做出承诺。假如我们是做自媒体账号的，合作方是广告主，合作方可能会期望我们承诺流量能达到一定的水平；假如我们是做内容的，合作方是内容平台，合作方可能会期望我们承诺内容要达到某种效果；假如我们是某个领域的 KOL（Key Opinion Leader，关键意见领袖），合作方是某产品，合作方可能期望我们承诺产品的销售能达到某个数额。

2. 收益同步

一个人的影响力有多大，就看这个人能让多少人的利益和自己的利益绑定。长期稳定的合作都有一个共同的特点，那就是合作双方都能从合作中持续获益。如果一方持续获益的同时，另一方没有任何收益，这样的合作将难以为继。

曾经有个机构找我谈合作，期望我的线上课程能在这个机构的线上课程平台上投放，3 个月之内我和平台平分销售收益，3 个月之后我不再享受课程销售的任何收益。这个机构显然不了解市场行情，属于自说自话。当然，期望获得流量曝光的人也许会考虑这种合作模式。

3. 界定边界

长久稳定合作成立的核心是权责利对等，是清晰的边界划定。权责利的划分要在合同中规定清楚，三者分别对应着合同中的权利设置、义务划分和利益分配这 3 项重要条款。合同是合作的要件，千万不要碍于情面不签合同。要先小人，后君子，不要抹不开面子。

签订合同之前，要将合同的条款从头到尾、逐字逐句地仔细阅读。有问题要直接问，要问清楚合同中的每一条分别代表什么含义。对含义或表述不清晰的条款，应要求对方规定清楚。要问清楚如果达不到条款的规定，会有什么后果、应如何解决。如果自己不具备这方面的能力，可以求助于法律界的朋友。

签订合作合同时，要特别注意以下 5 个核心问题。

1. 结算问题

合同中要明确规定分成比例、计算方法、付款条件、付款时间和付款方式，要明确规定税务和发票等问题。

线上课程机构有可能为了利益谎报销量。机构报的课程销量越低，获得的收益就越高。除了签订合同外，还有两种方式可以用来预防和避免这种情况。

（1）直接通过线上课程平台划分收益。喜马拉雅、千聊、荔枝微课、小鹅通等平台都具备线上课程销售之后直接分成给讲师的功能，这样可以有效避免线上课程机构暗箱操作。

（2）要求线上课程机构截图后台收益。这样能在一定程度上避免线上课程机构弄虚作假。

2. 版权问题

版权问题与内容创作者的关联度非常高，要特别注意。有些合同中包含"共享版权"或"版权归对方所有"等条款，一旦签署合同，合作方就拥有了内容作品的支配权。我曾多次在合作机构的合同中找出这类条款，并要求对方必须修改，否则不与之合作。

关于线上课程的版权问题，还有3个非常值得注意的事项，一定要在合同中规定清楚。

（1）源文件问题。有一次，我团队中的小伙伴告诉我有个平台在销售我的线上课程，但我从来没与那个平台合作过。我和该平台取得联系后，对方马上说立即下架课程。我问他是从哪里来的源文件。他只说一定销毁，就是不提源文件的来源。我猜想应该是与我合作的某个线上课程机构内部管理不善，让心怀不轨的工作人员把源文件复制走了。

从这件事以后，我就更加谨慎地选择线上课程合作机构，而且合作时一定会在合同中加入对源文件保密管理的条款。另外，千聊、荔枝微课和小鹅通等线上课程平台都具备代售功能。对新合作的平台和新的课程，我都尽量采取代售的方式，不向线上课程机构提供源文件。

（2）会员制问题。我后来发现很多线上课程机构执意索要源文件的原因，是这些机构采用了会员制。大多数线上课程平台都有会员制功能，就是每年缴纳一定费用，可以听这个机构所有的线上课程。但会员制的费用，机构通常不会和内容方分成。

线上课程机构期望自己的线上课程品类多，也是因为会员制。有些线上课程机构根本不在意这个线上课程能不能卖得出去，他们只在意这个线上课程能不能在自己平台上架，能不能拿到源文件。只要上架的线上课程够多，买会员的用户就可能更多。只有自己拥有源文件，这个线上课程才有资格加入机构的会员资源。

（3）独家问题。有的线上课程机构为了强调自身的独特性，会要求享有课程内容的独家播放权。独家与流量存在矛盾，线上课程投放的平台越多，获得的流量就越大。既然要签独家条款，线上课程机构就应当保证内容创作者的流量或收益。

例如得到App的线上课程都是独家内容，是因为得到App会保证合作的讲师有一定的收益，当线上课程的销量达到一定程度后，再和讲师进行收益分成。得到App这类头部平台如此操作是成立的，但其他线上课程机构值不值得签独家条款，要谨慎评估。

3. 价格问题

合同中要对价格有明确的规定，不然可能会因为价格混乱而扰乱市场。例如我有很多线上课程的售价是199元。打折促销时，最低可以到99元，但价格不能再低。因为我的线上课程投放在不同的线上课程平台上，如果每个机构都为了销量打"价格战"，将不利于市场的稳定。

另外我发现，要谨慎规定价格变化的频率和时间。例如我的线上课程打折时是 99 元，之后一度出现所有平台都按 99 元销售的情况，原价 199 元成了摆设。后来我再签订合同时，都规定课程价格变动时要和我商量。

4. 合作周期

因为市场瞬息万变，一般与合作方的合作周期越短越好，能签 1 年就不要签 2 年。另外要注意合同到期后的续约方式，要规定在什么情况下可以提出解除合同约定，要注意解约之后违约金的规定。

5. 证据问题

一般来说，所有不明确的事项都要事前在合同中规定清楚，但实际运行的过程中，难免会遇到一些突发状况，所以合同中通常会有"如遇合同中未注明事项，双方协商"的条款。这时要保留好双方沟通的证据，以免将来出问题，例如保存微信聊天记录。

第 **5** 章　持续成长

持续成长

成长需要勤奋，但勤奋不一定会带来成长。只有高水平的勤奋才能获得优于他人的倍速成长。倍速成长和持续成长都是有方法的，二者依托的都是非线性成长。在成长过程中运用杠杆不仅可以撬动资源，而且有助于自己实现倍速成长，取得事半功倍的效果。

5.1 倍速成长的方法

成长意味着变强，可以理解为增长，可以理解为发展，也可以理解为势能增加。为什么有的人成长快，有的人成长慢？为什么有的人成长一段时间后会停滞，而有的人能够一直成长？其实这主要是因为他们采用的成长方式有所不同。

5.1.1 如何实现倍速成长

常见的成长类型分成两种，一种是线性成长，另一种是非线性成长。其中，非线性成长可以分为指数型成长和跨越式成长。正是这些不同的成长方式决定了个体不同的成长轨迹。

1. 线性成长

所谓线性成长，就是随着时间的推移，成长与时间呈线性关系的成长。这类成长的特点是成长比较平稳，能够被预测，如图5-1所示。

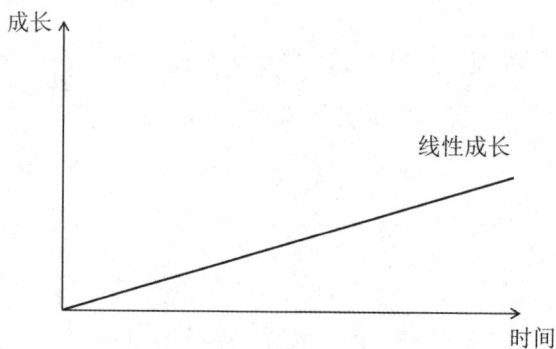

图5-1 线性成长

2. 非线性成长

所谓非线性成长，就是随着时间的推移，成长与时间呈现非线性关系的成长。

（1）指数型成长

所谓指数型成长，就是随着时间的推移，成长与时间呈现指数关系的成长。这类成长的特点通常是一开始成长的速度比较慢，但达到一定时间后会出现爆发式成长，如图5-2所示。

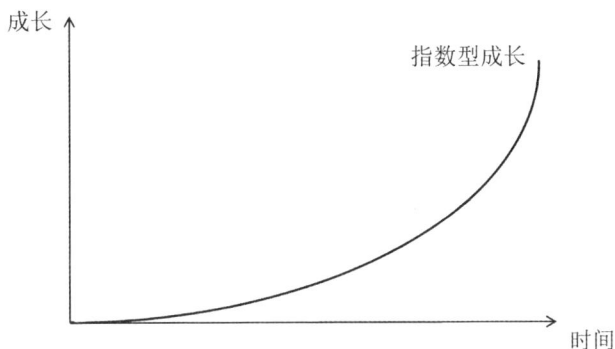

图5-2　指数型成长

（2）跨越式成长

所谓跨越式成长，就是指成长通常不具备连续性，也叫不连续性成长。这类成长的特点是能够打破某种稳定局面，虽然一开始成长的速度较慢，但后续能实现飞跃式成长，如图5-3所示。

指数型成长和跨越式成长有什么不同呢？

指数型成长是较短时间内期望出现的成长方式，也就是呈现指数级的快速成长。

跨越式成长是较长时间内期望出现的成长方式，也就是呈现长久的稳定成长。

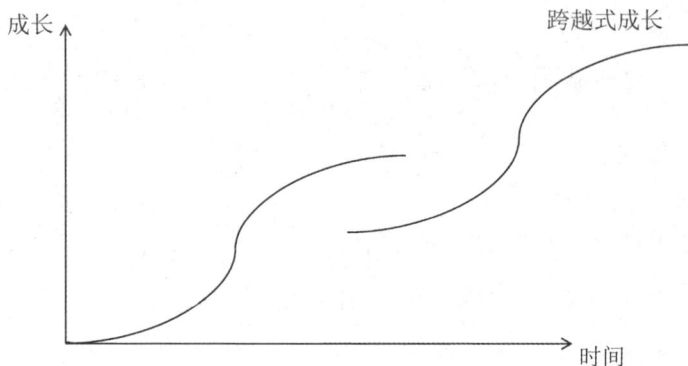

图5-3 跨越式成长

我们从线性成长和非线性成长的图形结构中能够看出这两种成长类型的差异。线性成长虽然也是一种成长方式，比不成长甚至倒退要好，但其成长性不如非线性成长。

如何理解线性成长和非线性成长的差异呢？用薪酬来举例比较容易理解。

根据上海市统计局 2020 年 7 年 23 日发布的《2020 年上半年居民人均可支配收入及消费支出》中的数据，上海全市居民在 2020 年上半年的人均可支配收入为 36 577 元，按月份换算约为 6 096 元 / 月。

根据安居客发布的数据，上海市 2020 年 10 月二手房屋的均价为 5.23 万元 / 平方米，也就是在上海买一套 100 平方米的房子的均价为 523 万元。假设张三的月薪为 6 000 元，每月所有生活支出为 4 000 元，每月攒 2 000 元。如果张三的薪酬和生活支出不变，房价也不变，那么张三大约需要 218 年才能买得起上海的 100 平方米的房子，简而言之就是买不起。

然而社会在进步，个人在发展，张三当前的月薪在上海买不起房，不代表张三成长后的月薪也买不起房。如果张三的月薪成长为 3 万元，每月的所有生活支出为 1 万元（高收入人群每月的支出也更多），每月攒 2 万元。如果张三的薪酬和生活支出不变，房价也不变，那么张三大约需要 21.8 年就能买得起上海的 100 平方米的房子。

那么月薪 6 000 元如何增长到月薪 3 万元呢？假设张三大学刚毕业，此时张三 22 岁，月薪为 6 000 元。张三的月薪以每年 10% 的速度增长，大约 17 年后，张三的月薪能够达到 3 万元，那时张三 39 岁。假设 17 年来房价不变，张三大约在 60 岁时可以买一套房。

这里需要注意的是，薪酬以每年 10% 的速度增长虽然是线性成长，但现实中如果只是按部就班地上班，极少有企业能为员工提供这样的薪酬增长速度。除非员工可以不断晋升，每年都获得职位和薪酬的提升，但职场总是存在天花板的，天花板也是极少有人能够达到的。

而如果通过非线性成长，实现薪酬的跳跃式成长或指数型成长，情况将会截然不同。

线性成长和非线性成长的不同实际上就是量变和质变的不同。量变可以改善生活，而质变能够打破圈层。我最后一份职场工作的年收入大约是 20 万元。假如我表现极好，年收入每年以 20% 的速度增长。3 年后，我的年收入大约可以达到 35 万元，比原来增长 75%。

20% 是什么概念？这已经相当于股神巴菲特投资生涯的平均年化投资收益率，是非常高的年化投资回报水平了。然而这是量变思维。如果时间足够长，量变会带来质变。但量变无法在短时间内实现圈层变化。能在短时间内实现圈层变化的，通常是质变。

如果用数字表示质变和量变之间的差异，从 1 到 2，从 2 到 3，从 3 到 4，这就是量变；从 1 到 10，从 10 到 100，从 100 到 1 000，这才是质变。量变是"做加法"，质变是"做乘法"。量变带来数值的增加，质变带来数量级的变化。

通过非线性成长，我实现了从量变到质变的转化，独立创业 3 年后，我的年收入与最后一份工作相比增长了不止 10 倍。一个是增长 75%，一个是增长 10 倍，这就是量变与质变的差距，也是成长方式的差距。

5.1.2　如何快速学习经验

经验能够被学习吗？

很多人认为不能，因为经验不同于知识和能力。知识可以通过书本或课程获得，能力可以通过练习获得，但经验必须通过时间来积累。所以论重要程度，经验＞能力＞知识，经验比能力和知识更有助于个体成长。

实际上，经验能够被学习，但学习经验的方法与学习知识和能力的方法有所不同。要理解这一点，首先要理解什么叫经验。

经验指的是工作时间长短吗？肯定不是。现实中很多工作了 30 年的人也不见得在工作上有什么建树。为什么会这样？因为很多工作了 30 年的人只不过是把同一套动作重复做了 30 年。这不叫有 30 年经验，这只是工作了 30 年的时间。

那经验到底是什么？实际上，经验是一种异常管理能力。对，没错，经验说到底，其实也是一种能力，这种能力叫异常管理能力。如何理解呢？

想象出租车司机这个职业。一个人从不会开车到熟练掌握开车技能，到熟练掌握城市道路规划（有导航后这一步变容易了），到熟练掌握出租车运营规范，再到成为一名合格的出租车司机，需要多长时间呢？粗略统计，大约不到 1 年的时间就能做到。

但如果乘客可以自由选择出租车司机，老司机肯定比新司机更受欢迎，因为老司机的经验更多。这不是什么心理误差效应，事实上老司机在普遍意义上就是比新司机更可靠。老司机比新司机多的经验究竟是什么？就是对各类异常状况的应对处理能力。

如果依然难以理解，可以想象这样一个场景。假如有一条没有尽头的路和一辆不需要加油的车，一个出租车司机在这条路上一直往前开，整条路上没有其他车辆，也没有行人，不需要转向，不需要变道，不需要躲闪，不需要避让，也不需要刹车，就这样一直开，开了30年。这个出租车司机算是有30年的开车经验吗？当然不是。

那在什么情况下，这个出租车司机才算有经验？就是在自己正常转弯，忽然冒出一辆闯红灯的电动车时，司机知道就算一切正常，也要提防；就是在接到了喝醉酒在车上一睡不醒的乘客时，司机知道这时可以请求公安部门的帮助；就是在开快车变道差点出事故时，司机知道再怎么样也不能着急。

有一次我和朋友一起坐飞机，途中发生颠簸，飞机晃得厉害。朋友有些担心，小声对我说不会出什么事吧。我说你也经常出差，又不是第一次坐飞机，犯得着这么紧张吗？朋友说可我从没遇到过颠簸得这么厉害的情况。我说不用担心，颠簸得比这更厉害的我都遇到过，而且看空姐的表情，丝毫不紧张，可见当前的状况并不是她们遇到过最糟糕的情况。

经验就是人们经历一个个关键事件后，对这些关键事件的处理，以及从中得出的结论。再回到最初的那个问题，经验可以被学习吗？

当然可以，只要对这些关键事件一件一件地进行总结，最终都能将其归为一种异常事件知识或异常处理能力。通过讲故事能够实现异常事件知识的传授，通过场景模拟可以实现异常处理能力的增强。

知道了这个原理，对个人成长有什么帮助吗？最常见的帮助有以下3点。

1. 辨别价值信息

当有机会听一个成功人士讲自己的成功经验时，最有价值的信息是什么？不是逆袭式的成功故事本身，而是这个人在成功的过程中都遇到过哪些挫折和困难，迎接了哪些机遇和挑战，他是如何思考、如何抉择、如何应对的。假如这位成功人士讲的内容里面没有这些有价值的内容，那么即使这个人再成功，对听的人来说也只是听了个故事，相当于看了一部普通的电影。

2. 积累自身经验

大家常说"复盘"这个词，复盘相当于自省，盘点目标和行为的基本情况，为将来做得更好积累经验。可究竟该复盘什么，很多人是找不到重心的。应当复盘的是关键事件，以及自己面对这些事件时的思考、抉择和应对方式。这些关键事件可以是成功事件，总结成功经验；也可以是失败事件，总结失败经验。

3. 总结他人经验

当身边有人成功或失败时，也可以采用同样的方法总结其经验。大多数人总结自己的成功经验时，语言模式都是"我做了这个，我又做了那个"，总结的重点主要在成果上，而不是达成成果的过程中遇到的各类问题、挫折及应对方式，这样的成功经验往往难以复制。同样，人们在总结失败经验时，也很容易聚焦在失败本身。失败本身不重要，对失败过程中应对问题的方式的解析更重要。

5.2　指数型成长的方法

为什么同样的起点、背景、努力，有些人成长得很快，有些人却成长得很慢呢？很多时候不是成长得慢的人不勤奋，而是这些人只知道勤奋，一直在做低水平的勤奋。勤奋是有方法的，这也是实现倍速成长的方法。

5.2.1 成长缓慢，怎么办

为什么有些人的成长速度是同类人的几倍甚至几十倍？

因为成长得快的人采用的是指数型成长方式。

指数型成长是一种在短时间内实现爆发式成长的非线性成长模式。蒙牛公司创立5年后上市，创造了上市速度的神话。但其与这些年的互联网公司相比，还是显得有点慢了。关于上市，拼多多用了3年，趣头条用了800天。这些实现快速发展的公司都有一个普遍的特点——采用了指数型成长方式。

为什么指数型成长会比线性成长快那么多？因为指数型成长遵循幂次法则和摩尔定律，借助互联网的发展实现倍速成长。采用指数型成长方式的公司懂得运用信息技术快速迭代，大幅度降低了边际成本，从而获得竞争优势。

在互联网领域中，指数型成长不是可选项，而是必选项。这个原则不仅对公司适用，对个体同样适用。从近些年成长起来的互联网公司和个体中能够看出，最终能活下来并长期发展的公司和个体都遵循指数型成长的规律。互联网本身就遵循幂次法则和摩尔定律，线性成长在互联网领域约等于没有成长。

个人能否实现指数型成长呢？不仅能，而且大有机会。近些年随着一些新媒体平台的发展，一大波"流量"诞生了。他们都是在短时间内拥有了大量的粉丝和流量。他们为什么能实现指数型成长呢？

1.后发优势

生活中常见后发优势（Late-mover Advantage）效应。这个效应在宏观上能够解释国家的经济发展和新兴经济体的崛起，在微观上能够解释很多决策和机遇问题。后来者的机会成本低、试错成本低、负担小，反而在某些方面拥有一定的优势。

当人们在商场排队结账时，突然新开了一个收银口，这时排在队伍头部、中部和尾部的人，谁更容易先到达这个新开的收银口完成结算呢？

答案是排在尾部的人更容易。因为排在头部的人会觉得马上就要排到自己了，不会过去；排在中部的人比较靠前，容易犹豫不决。只有排在尾部的人，认为自己在这条队伍中反正已经是尾部，看不到机会，不如换个队伍，说不定能成为头部。

抖音 App 刚兴起时，第一批内容创作者都是刚毕业不久的年轻人，这类年轻人的机会成本比较低，愿意在新平台上尝试。那时候短视频还没有成为能收获大流量的内容形式，很多人都没有使用抖音 App 的习惯。后来，随着抖音 App 的指数型成长，这些年轻人中有很多成了具有高流量的大 V。

所以，不要担心自己是后来者，机会总是存在的。要利用好自己的后发优势，做那些头部不愿做、不想做、不能做，却顺应市场的事。

关于什么是后发优势、如何用好后发优势，我的一次超市结账的经历恰好是个不错的例子。有一次我在超市结账时排在队尾，发现另一个收银台站着收银员却没人结账，我推车过去看，发现牌子上写着"暂停结账"，于是我准备回队尾，这时一个妈妈带着五六岁的孩子远远快步跑来，和我同时到了队尾的位置。

我说："其实刚才我在这儿，只是去旁边的收银台看了一眼。我买的东西多，如果你们需要就排我前面吧。"

这个妈妈欣然接受。不一会儿，刚才没开的那个收银台开了，我因为排在队尾，第一时间走过去了，那个妈妈见本来的这一列快到她了，便没动。她前面是个老太太，买了一袋鸡蛋，结完账的老太太把鸡蛋放在收银台边上整理零钱。

也许是见我已经结完账往外走了，这个妈妈结账时有些着急，不小心把老太太的鸡蛋打到了地上，双方起了争执。孩子在旁边一边收拾东西一边把推车往外推，这个妈妈没看到，一抬手想去推推车，又把手机碰到了地上，还摔碎了屏幕。

我就像获得后发优势，第一波吃到新赛道开放红利的人，具有后发优势。

那个老太太就像旧赛道上的先发竞争者，具有先发优势。

那个妈妈就像错过新赛道的机遇，又忽略旧赛道的竞争，自己乱了阵脚的人。

有机会时不要犹豫，要赶快抓住后发优势的机会。如果没有机会，不如安安稳稳、老老实实地在自己现有的赛道上成长。

2. 借势成长

随着互联网平台的发展，内容创作者在互联网生态中的地位越来越高。平台本身不能吸引用户，好的平台是依靠好的内容吸引用户，所以每个平台都会大力促进本平台上内容的发展。

大平台背后都有资本的支持，平台的飞速发展是资本博弈的结果。在大资本支持下的平台的成长通常是指数型的。资本不仅要支持平台自身的推广和运营，而且要扶持本平台优质内容的创作者，这正是个体崛起的机会。

互联网平台内容的发展经历了专业人士生产内容（Professional Generated Content，PGC，如网络电影、网络电视剧、得到 App 等）到用户生产内容（User Generated Content，UGC，如微博、微信公众号等），再到如今的专业用户生产内容（Professional User Generated Content，PUGC，PGC+UGC 模式）几个阶段。

所以个体要研究平台、选择平台、利用平台，只要能持续产生优质的、有价值的内容，就能借助平台的发展实现自我的指数型成长。

3. 内容为王

借势成长和后发优势只是个体实现指数型成长的外部因素，内部因素是个体要有能力持续创造市场需要的、有价值的内容。

互联网媒体有一段时间流行"标题为王"一说，然而当人们对"标题党"深恶痛绝、返璞归真之后，互联网媒体发现真正能满足人们精神生活需求的依然是内容，而且永远都会是内容，所以"内容为王"是所有媒体形式永恒的主题。

优质内容的产生虽然与技术存在一定的关系，但其内核一定与内容创作者的积累息息相关。很多人认为优秀的短视频靠的是镜头、剪辑、特效、颜值、演技等要素，但如今人们发现，没有好的导演策划和剧本设置，这一切都是"空中楼阁"。

"一招鲜吃遍大"可以实现"小富"，但不能实现指数型成长。内容为王的本质是不断输入、不断积累、不断创新，要学得比别人多、想得比别人多、做得比别人多，才有可能获得比别人快 N 倍的成长速度。

5.2.2 如何实现指数型成长

指数型成长的关键词是爆发，秘密就在这里。爆发意味着单点突破，可以是产品上的单点突破，也可以是流量上的单点突破。这里的单点通常可以归结为 4 个维度——多、快、好、省。多既是数量，也是空间；快既是速度，也是时间；好既是质量，也是优势；省既是成本，也是资源。

以我为例，我刚进入人力资源管理领域时不具备太多的优势。因为人力资源管理是企业的"刚需"，人力资源管理市场早就已经形成了一个成熟的市场生态。这其中包含着大量已经成名的专家，他们有名人背书、名校背书、名企背书，我如何与他们竞争呢？

1. 后发优势

我首先盘点了一下自己的优势。和很多专家相比，我的优势如下。

（1）愿意放下身段讲基础，更容易抓住大量新手的心。很多专家更愿意讲高屋建瓴的内容，以显示自己的思想高度。

（2）内容更落地，更针对具体情况，解决实际情况。很多专家因为高屋建瓴的内容讲多了，已经脱离了实际，造成曲高和寡的局面。

（3）更懂互联网，懂得如何借助互联网输出和传播内容。很多专家的势能靠的是多年的线下经营和积累。互联网减小了信息差，方便用户比较。

2. 借势成长

从 2016 年开始，很多人力资源管理垂直领域的线上学习平台如雨后春笋般出现。这些平台或多或少都有一定的资源，但它们普遍缺少优质的内容。大多数专家因为机会成本高，不愿尝试在这些线上平台上输出内容，而我当时刚进入人力资源管理领域，愿意尝试。

为了增加曝光率，我做了大量免费的文字和视频内容。乔布斯经常说自己是抱着 "Nothing to Lose" 的心态在做事。如果看准了一件事，做了之后就算失败了也不会失去太多，那为什么不尝试呢？

随着这些平台的崛起，我在人力资源管理领域里的知名度越来越高，迅速在这个领域中占据了一席之地。

3. 内容为王

我能够成长起来，与我输出的内容的数量和质量直接相关。

（1）数量

在人力资源管理领域，出书是专家的"标配"。如果专家出了 1 本书，我也出了 1 本书，那我和专家相比有什么竞争优势呢？我的做法是这样的：

专家出了 1 本书，那我就出 10 本书、20 本书、30 本书；

专家的书卖了 1 万册，那我就想办法卖 10 万册、50 万册、100 万册；

专家 1 本书写 10 个知识点，我的 1 本书的目录中就有接近 300 条内容，全书超过 500 个实操知识点；

专家卖书就只是卖书，我的书还免费赠送 2 000 多份人力资源资料模板、300 多节人力资源实操微课、200 多个精美商务 PPT 模板；

专家终于发现线上课程的重要，进场了，做了 1 套线上课程，那我就做 10 套线上课程；

专家和 1 个平台合作了，那我就和 10 个平台合作。

……………

我在数量上的辗轧式优势是实现指数型成长的基础。

（2）质量

内容为王的关键是内容质量。专家不屑于写人力资源管理的实操环节，那我写。我的内容有以下这些特点。

① 接地气：内容贴近实战工作，满足实际需求，用户只要照着做就可以了。

② 易上手：人都有偷懒心理，于是我提供了大量表格、规范、工具，让用户能拿来就用，一学就会。

③ 内容全：把人力资源管理实战层面关心的、会用到的所有事情、细节都找出来进行解析，将之变成我的内容。

④ 讲故事：针对每一个实战知识点都给出真实的案例，有应用场景和注意事项，让用户能感同身受，更有共鸣。

指数型成长不仅能让个体持续增值，而且能够大幅度增强个体的变现能力。在互联网商业世界中，个体通过后发优势、平台借势和内容为王这三大关键点，可以在短时间内实现"疯传"，达成指数型成长。

5.3 跨越式成长的方法

为什么很多人一开始成长得很好，但成长一段时间后就出现了成长瓶颈和发展疲软等情况，开始走起了下坡路？因为很多人一直在重复使用同一套成功经验。从短期来看，这么做是有效的，但从长期来看，这样做很难获得持续的发展。如何解决这个问题呢？答案是寻求突破，实现跨越式成长。

5.3.1 成长遇到瓶颈，怎么办

跨越式成长的逻辑可以追溯到经济学。经济学中有一个著名的不连续性曲线，也叫 S 形曲线，如图 5-4 所示。这条曲线有什么含义呢？

用 IBM 公司的发展案例来讲更容易讲清楚。

IBM 公司是一家神奇的公司，它的发展经历了几起几落。IBM 公司已经由创业初期主营硬件的公司，发展为如今以人工智能、云计算、区块链、物联网等技术和智慧创新为主营业务的公司。IBM 公司这种业务的转变，经历了多次不连续性 S 形曲线的成长，如凤凰逆磐，每次都能获得重生。

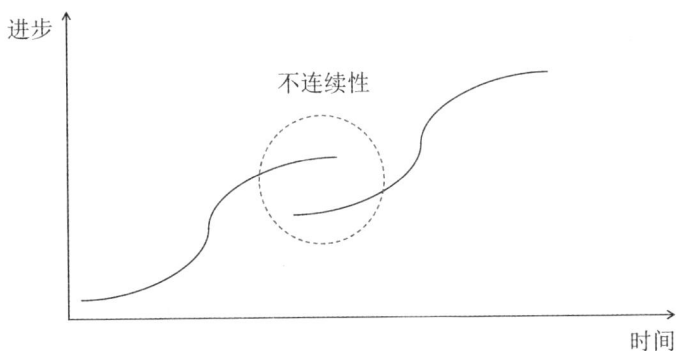

图5-4 不连续性曲线示意图

1984 年，IBM 公司的税后净利润是 65.8 亿美元（1 美元约合 6.541 元

人民币），创造了当时美国公司的最高盈利纪录。同年，IBM 个人电脑的营业额也达到了 40 亿美元，在 1985 年时占据了个人电脑市场份额的 80%，但当时 IBM 的主营收入还是来自大型电脑，而非个人电脑。

1985 年，IBM 公司新任 CEO 由原来负责大型电脑业务的负责人埃克斯担任。可埃克斯不思进取，之前的成功经验告诉他，大型电脑业务会一直增长。但从 1985 年开始，IBM 公司开始衰落。即使如此，之后多年埃克斯依然因循守旧，1991 年，IBM 公司亏损 28.6 亿美元；1992 年，IBM 公司巨亏 49.7 亿美元。1993 年，埃克斯引咎辞职，郭士纳接任。

这个阶段，IBM 公司的发展曲线如图 5-5 所示。

在相似的时间段，英特尔公司也发生着类似的情况。在 1983 年以前，英特尔公司的主营业务是存储器。但从 1983 年开始，存储器市场受日本厂商的冲击严重。假如英特尔公司死守存储器市场，下场也许和 IBM 公司一样。

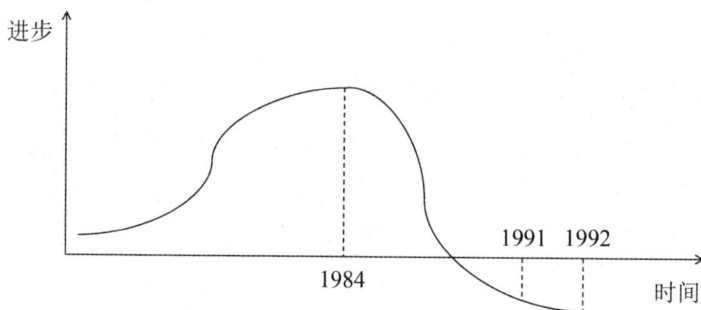

图5-5　1984—1992年IBM公司的发展曲线

当时英特尔公司的 CEO 戈登·摩尔（Gordon Moore）和安迪·格鲁夫（Andy Grove）有一段对话被称为经典。

格鲁夫问摩尔：“如果我们被扫地出门，董事会会找一位新的 CEO。这个新的 CEO 上任，他会做什么呢？”

摩尔回答说：“他会放弃储器市场，因为我们在这个市场已经没希望了。”

格鲁夫再问："既然如此，与其让别人这么做，为什么我们不自己来做这件事呢？"

后来英特尔公司果断放弃存储器业务，开辟新的业务，在经历了短暂的调整期后，业绩蒸蒸日上。

这个阶段，英特尔公司的发展曲线如图 5-6 所示。

每个不断发展壮大的公司几乎都经历了 S 形曲线。这类公司的发展从产品迭代到业务规模扩展，都和 S 形曲线紧密相关。例如，苹果公司的产品变化如图 5-7 所示。

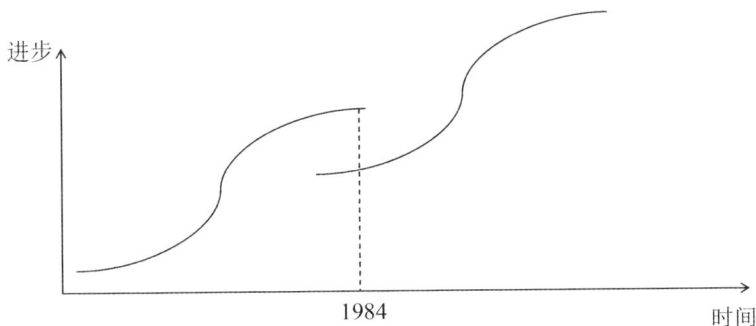

图5-6 1984年左右英特尔公司的发展曲线

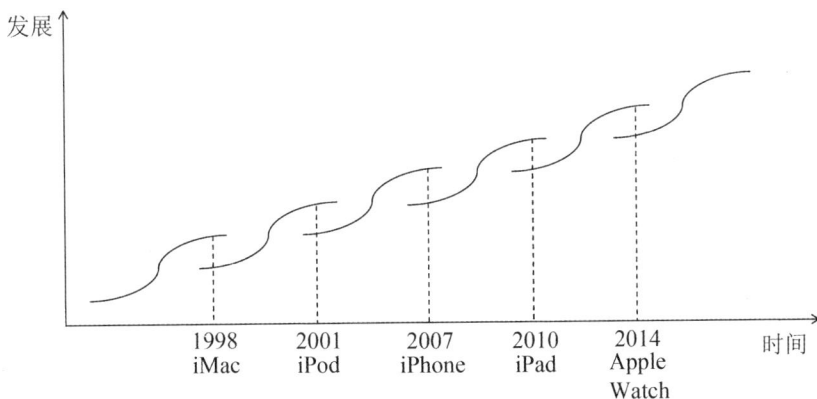

图5-7 苹果公司的产品发展曲线

苹果公司 1998 年推出了 iMac，重新定义了个人电脑；2001 年推出了 iPod，重新定义了随身听；2007 年推出了 iPhone，开启了智能手机时代；2010 推出了 iPad，引发了平板电脑的爆发式成长；2014 推出了 Apple Watch，开启了智能穿戴领域的篇章。

阿里巴巴公司的业务发展曲线如图 5-8 所示。

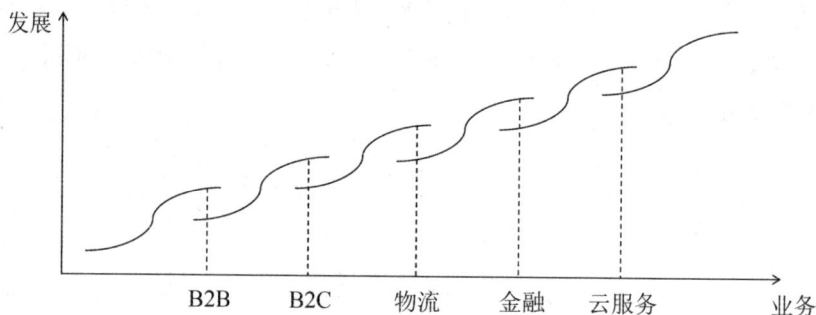

图5-8　阿里巴巴公司的业务发展曲线

1.B2B：起源

1999 年 9 月，马云带领 18 位创始人在杭州的公寓中正式成立了阿里巴巴网络技术有限公司（简称"阿里巴巴"）。阿里巴巴创业初期主要做 B2B（Business To Business，指企业与企业之间通过专用网络或互联网，进行数据信息的交换、传递，开展交易活动的商业模式），网站的用户主要是国内中小企业的业务员和老板。

2.B2C 和 C2C：发展

2003 年 5 月，购物网站淘宝网在马云的公寓内创立，开启了线上 B2C（Business To Customer）和 C2C（Consumer To Consumer）模式。2011 年 6 月 16 日，阿里巴巴宣布将淘宝网分拆为 3 家公司：一淘网、淘宝网、淘宝商城。2012 年 1 月 11 日，淘宝商城正式更名为"天猫"。

3. 物流：布局

2013 年，阿里巴巴牵头，以顺丰速运、申通快递、圆通快递、中通快递、韵达快递为成员，成立菜鸟网络科技有限公司（以下简称"菜鸟"）。菜鸟是一家互联网科技公司，专注于搭建四通八达的物流网络，打通物流"骨干网"和"毛细血管"，提供智慧供应链服务。

4. 金融：崛起

2004 年 12 月，阿里巴巴关联的第三方网上支付平台支付宝推出，令买卖双方更容易在淘宝网交收货款，大大提高了平台的方便程度。2014 年 10 月，阿里巴巴关联公司蚂蚁金融服务集团（前称"小微金融服务集团"）正式成立。

5. 云服务：驱动

2009 年，阿里云创立。阿里云目前已经是全球领先的云计算及人工智能科技公司，服务着制造、金融、政务、交通、医疗、电信、能源等众多领域的领军企业，为 200 多个国家和地区的企业、开发者和政府机构提供服务。

实际上，不仅是企业的发展，地区经济的崛起也遵循这种不连续发展的规律。例如，中国经济重点产业发展曲线如图 5-9 所示。

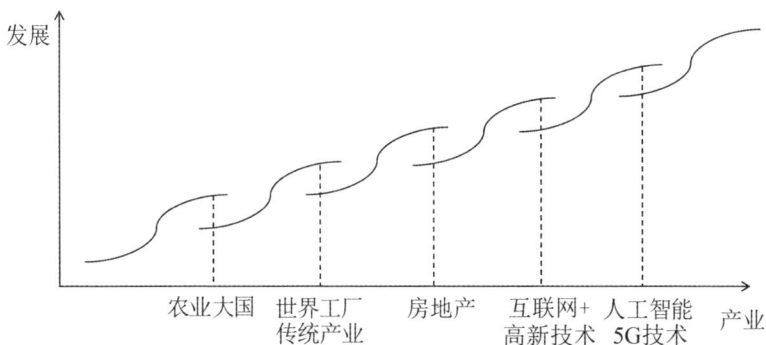

图5-9　中国经济重点产业发展曲线

中国由一开始的农业大国，到改革开放之后成为世界工厂，传统产业得以发展。2000年后，中国的房地产市场迎来爆发式增长，支撑着中国经济进一步发展。2010年后，互联网＋高新技术崛起，逐步成为中国经济发展的重要动力。如今，中国的人工智能和5G技术在世界领先，这必将引领中国经济进一步发展。

跨越式成长是一切个体或组织发展壮大的秘密。这个世界永恒不变的其实是变化，如果长期做同一件事不变化，不寻求新的增长点，成长性会越来越低，之后不仅不会成长，反而会倒退。大多数人的成长路径如图5-10所示。

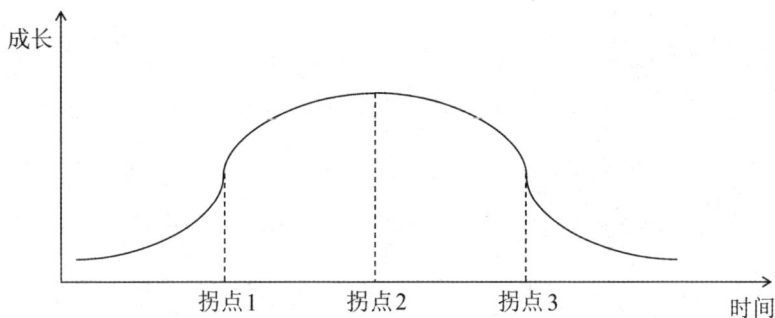

图5-10　大多数人的成长路径

很多人一开始可能成长得比较快，但很快会迎来第1个拐点。过了第1个拐点后其成长速度会下降，逐步放缓达到峰值，此时如果安于现状、固步自封，很快会迎来第2个拐点。在第2个拐点后会出现衰退，一开始的衰退速度比较缓慢，逐渐到达第3个拐点。之后衰退的速度会逐步加快。

很多职场人的成长曲线就是这样。刚毕业时很有冲劲，薪酬和职位成长的速度较快；35岁后，认知和能力基本定型，薪酬和职位的成长放缓；45岁后，薪酬和职位达到峰值。因为有更多年轻、有活力的新人加入，逐步被"后浪"取代，职业发展开始走下坡路；50 岁后，对成长失去希望，抱着"做一天和尚撞一天钟"的心态熬到退休。

5.3.2 papi酱的跨越式成长

S 形曲线不仅适用于解释经济现象和企业发展，也适用于指导个人成长。不论是个人还是企业，要想长时间地成长，必须跟随市场的发展。跨越式成长的关键是敢于突破，敢于迈出当前的舒适圈，让自己获得不连续性成长。

papi 酱一开始的发展就是指数型成长，但她没有安于现状，成名之后一直在寻找新的机会。papi 酱这些年热度持续不减，生孩子休产假期间依然能持续创造社会热点，正是因为她已经从最初的指数型成长转变为跨越式成长。

"网红"papi 酱（本名姜逸磊），1987 年在上海市出生，毕业于中央戏剧学院导演系，做过网络主持人、导演、编导、配音，当过视频短片的女主角。papi 酱于 2015 年开始在互联网上发布自己的短视频，因为内容的独特性，她迅速在互联网上"爆红"。

papi 酱的视频为什么能"爆红"？主要因为她的视频具备以下特点。

（1）多。papi 酱在视频中一人分饰多角，一个视频中包含多个场景，视频的信息量较大，视频的更新比较规律。

（2）快。papi 酱的视频都是直奔主题，语速快、镜头切换快、转场快，这让观众在看 papi 酱的视频时必须精神高度集中才能跟得上视频的节奏。

（3）好。papi 酱的视频内容贴近生活，说到了观众的心坎里。视频主题主要包括家庭生活、职场工作、校园场景和男女感情等大众话题，容易让观众感同身受。

混剪视频的快速转场和高密度的信息能给人带来快感，这个原理如今已经被抖音 App、快手短视频、微信视频号等运用。这套逻辑如今已经成为短视频制作的"标配"。但在 2015 年，papi 酱是网络上少有的运用这套逻辑制作视频的人。

2016 年年初，被一些媒体评为"2016 年第一网红"的 papi 酱获得真格基金、罗辑思维、光源资本和星图资本的联合投资，总投资额达到 1 200 万元。papi 酱的一条贴片广告被拍出了 2 200 万元的价格。

随后，papi 酱宣布将这次竞拍的广告收益全部捐给母校中央戏剧学院，捐款的主要用途有 3 个。

（1）设立"初心奖学金"，用于资助专业课成绩优异的学生。

（2）冠名中央戏剧学院东城校区的黑匣子剧场为"勿忘剧场"，资金用于新校区的教学科研辅助设施建设。

（3）支持在校生的艺术作品创作，计划每年捐助一定数量的学生项目，为期 10 年。

但随之而来的，是各方的质疑、粉丝增长瓶颈和流量难以突破等问题。市场一度很"分裂"，喜欢 papi 酱的观众很喜欢，不喜欢 papi 酱的观众无论如何也不喜欢。2020 年年初，因生产而断更的 papi 酱再次被很多人指出开始走下坡路。面对这些情况，papi 酱做了什么呢？

papi 酱在遭遇流量瓶颈后就开始寻求转型，其转型路径如图 5-11 所示。

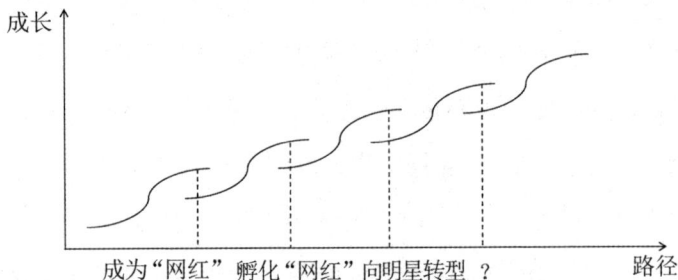

图5-11　papi酱的转型路径

成为"网红"之后，papi 酱首先考虑的是如何多次复制自己的经验，培育出多个"网红"，让自己从单个的内容从业者，转型为内容矩阵管理者，从原本自己是"网红"，转型到孵化"网红"。2016 年 4 月，papi 酱与泰洋川禾的创始人杨铭联合成立短视频孵化平台兼 MCN 机构 papitube。

截至 2020 年年底，papitube 被新浪微博评为"2020 微博年度红人机构"，签约艺人数量已经超过 150 位，艺人涉及的领域涵盖美妆、宠物、娱乐、美食、摄影等，形成了涵盖各领域的短视频流量矩阵，papi 酱为自己拓宽了变现渠道。

除了孵化"网红"之外，papi 酱还在进一步扩大个人的影响力，开始由"网红"向明星转型。泰洋川禾的创始人杨铭也是众多艺人的经纪人，旗下有大量知名的签约艺人，拥有众多演艺圈资源。为了向明星转型，papi 酱参与了各大综艺节目，参演了多部电影。

未来 papi 酱还会向哪些领域转型呢？也许是电商直播，也许是明星经纪，也许是影视制作，让我们拭目以待。

5.3.3 如何实现跨越式成长

实现跨越式成长的关键是如何在安逸中打破现状，让自己上一步台阶，实现跨越。这件事就像减肥，说起来容易，做起来难。谁都知道减肥只要"管住嘴，迈开腿"就会有成效，但真正能做到的人却没几个。

要实现跨越式成长，需要遵循以下 3 个步骤。

1. 识别当前危机

跨越式成长的第一步是识别当前危机。这一步不应当在发展停滞、业务受阻、出现问题时才想起来，而应当在业务朝气蓬勃、蒸蒸日上、如日中天时就开始做。在问题显现时再做通常已经比较被动，局面难以改变。不论在什么时候，尤其是在自己走上坡路的时候，都要有较强的危机意识。

在发展好的时候，要问自己以下几个问题。

（1）当前的商业模式或业务形态是否具备可持续性？

（2）当前的产品或服务还有多大的获取新用户的空间？

（3）当前的增长速度在出现什么情况时将会放缓？

（4）当前的赢利能力在出现什么情况时会下滑？

很多自媒体有了流量和粉丝后，做了几套线上课程，通过知识付费变现，刚开始也许会得到比较可观的收益，但运行一段时间后会发现这些线上课程的销售增长乏力，红利期已过，增量市场空间已经很小，又不知道如何深挖存量市场。这正是很多通过知识变现的自媒体的现状，不论当下的情况有多好，都要思考当前的生意能持续多久。

2. 找到新的机会

识别危机后，就要寻找新的机会。新的机会意味着新的增长点和新的可能性。在找机会时，首先不要想"我能做什么"，而要想"我该做什么"。能做什么对应着个人能力，该做什么对应着趋势判断，先考虑顺势而为，再考虑顺己而为。

新的机会不意味着新的赛道，新的机会可以是原本赛道上的新产品；新的机会不意味着要完全抛弃旧领域，新的机会可以和旧领域匹配呼应，为旧领域赋能；新的机会不意味着人云亦云，可以尝试走一条少有人走的路。

3. 坚决采取行动

识别危机并找到新的机会后，接下来就要坚决采取行动。有效地采取行动可以从以下3个角度入手。

（1）心理建设。生于忧患，死于安乐，世界上唯一不变的就是变化。不要抱着侥幸心理，不要安于现状，不要在舒适圈中迟迟不肯迈出第一步。为自己做好心理建设，让自己接受变化，首先要愿意开始行动。

（2）"骑驴养马"。当前的事就像骑着一头驴，跑得不快，但至少在前进。新的机会就像一匹刚出生的小马，在这匹小马长大之前，谁也不敢说它会成为怎样的马，它可能成长为一匹汗血宝马，可能成长为一匹普通的马，还可能成长为连驴都跑不过的马。因此现在骑的驴要维护好，将来骑的马也要养好。

（3）小步慢跑。如果无法马上实现全面转变，就在做好当前的事的同时，逐渐让自己实现转型。短时间内变化较大可能会"伤筋动骨"，但看准趋势之后循序渐进更容易实现转变。

我之前的成长就是跨越式成长：首先是在人力资源管理领域内实现产品发展的跨越，而后开始实现领域的跨越。我的产品发展如图 5-12 所示。

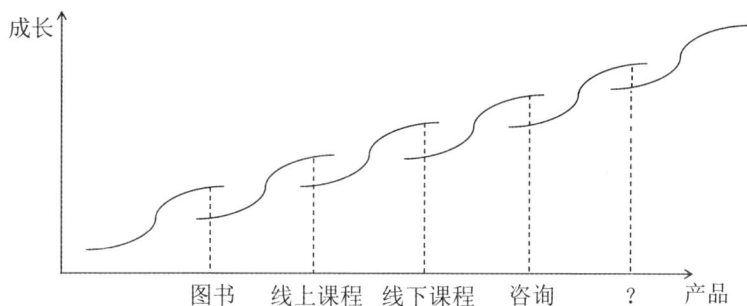

图5-12 我的产品发展

从一开始的图书到线上课程，再到线下课程和咨询项目，我的产品在逐渐实现多元化，立足于从不同角度解决问题，未来还会有更多相关产品来承接发展。跨越式成长不仅发生在不同的产品中，也可以发生在同种产品中。例如，我的图书发展如图 5-13 所示。

我的图书品类是从我的老本行人力资源管理类开始的，主要的读者群体是人力资源管理从业者。在这个领域做深做细，几乎涵盖了全品类后，我开始推出团队管理类图书，主要的读者群体是企业中的各级管理者。后来我发现我的成长经历和感悟可以帮助更多人，于是我开始做个人成长类图书，就像这本书。未来我可以视情况拓展更多领域。

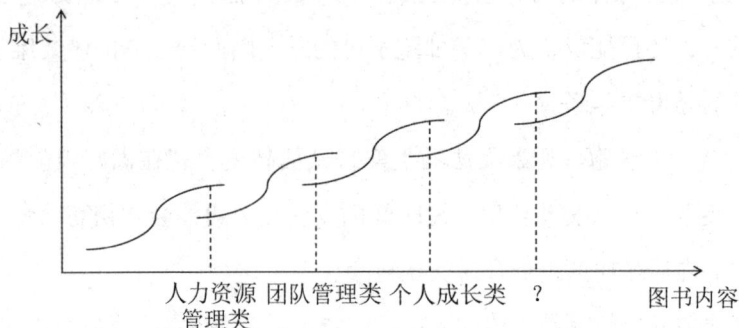

图5-13　我的图书发展

相反，很多人力资源管理领域所谓的专家讲师，一套课程内容用10年，安于现状、怠于创新，不懂得与时俱进，最后只会逐渐被淹没在时代发展的洪流中。

5.4　运用杠杆事半功倍

一个人有可能凭一己之力搬起和10个人一样重的东西吗？有可能，利用杠杆就能实现。一个人凭一己之力有可能达成需要一支队伍才能达成的目标吗？有可能，同样是利用杠杆。阿基米德说："给我一个支点，我可以撬起地球。"杠杆虽然是个物理学概念，但在商业世界中也经常被运用。懂得运用杠杆，个体就可以用较小的能量损耗达成较大的目标，就能够撬动原本无法撬动的资源。有效利用杠杆，个体能够效率倍增，"边界"也会越来越广。

5.4.1　没有资源，怎么办

互联网上有这样一个不太好的段子。

A找到世界首富，说：“你女儿还没结婚吧？我给她介绍一个小伙子。”

世界首富想推托，说：“我女儿还没准备嫁人呢。”

A说：“这个小伙子是世界银行的副总裁呦。”

世界首富说：“这样啊，那把他叫来吧。”

A找到世界银行总裁，说：“我向你推荐一个小伙子，很适合做副总裁。”

世界银行总裁想推托，说：“我们的副总裁已经够多了，不再需要副总裁了。”

A说：“这个小伙子是世界首富未来的女婿呦。”

世界银行总裁说：“这样啊，那把他叫来吧。”

结果这个原本什么都不是的小伙子既得到了世界银行副总裁的职位，又成了世界首富的女婿。

现实世界中当然不会有像段子中那么蠢的人，但这个段子并非一无是处。我就是从这个段子中知道了应该如何应用杠杆。

读者买书期望买知名度高和流量比较大的人的书；人力资源垂直领域平台期望宣传知名度高和流量比较大的讲师；线下课程的培训机构期望请知名度高和流量比较大的讲师；企业做管理咨询时也期望找知名度高和流量比较大的咨询师。

可我在刚起步时没有知名度和流量，怎么办呢？我只能拿着杠杆找支点，一个点一个点地撬。在我做自媒体刚有起色时，我就用自媒体“撬动”图书；在我的图书销量有起势后，我就用“自媒体＋图书”“撬动”线上课程平台；当线上课程的销量有起势后，我用“自媒体＋图书＋线上课程”“撬动”线下课程机构；当线下课程有起势后，我用“自媒体＋图书＋线上课程＋线下课程”“撬动”企业管理咨询合作。

在运用杠杆时，找到第1个支点非常重要。在找到第1个支点，撬动第 1 个资源后，就可以把这个资源纳入自己的资源库中，然后去寻找第 2 个支点、第 3 个支点、第 4 个支点，从而撬动更多的资源。

生活中，杠杆这个概念在金融资本领域出现的次数较多。例如有一种可以利用 10% 的保证金进行 10 倍额度交易的规则，这种规则就是金融杠杆的一种。这种杠杆在拥有高收益可能性的同时伴随着高风险。也就是说，要么撬起了地球，要么被地球撬上天。

只要有负债，公司就会有财务杠杆。投资者会根据上市公司的财务杠杆系数来判断某公司的经营状况和股票价值。这种杠杆叫"风险杠杆"。有人错误地认为"杠杆越大，风险越大"。实际上，杠杆的含义是让人们用较少的资源去实现较大的目标，杠杆本身与风险无关，巧用杠杆反而会降低风险。

曾经有人利用竞争杠杆，"空手"主办奥运会。

按照常理，奥运会的举办会给主办国带来经济利益。然而，有许多届奥运会都曾使主办国出现巨额亏损。1972 年德国慕尼黑奥运会耗费 10 亿美元，亏损 6 亿美元；1976 年蒙特利尔奥运会耗费 20 亿美元，亏损 10 亿美元，市政府接近破产，让 300 万名居民背上了 20 年才能还清的债务；1980 年的莫斯科奥运会更是耗费了 90 亿美元而毫无盈利。

1980 年之前，连续 3 届奥运会都有巨额亏损，自那以后没人愿接这门"赔钱生意"，所以 1984 年第 23 届奥运会只有美国洛杉矶一个城市申请，自然就成功了。可这一次，美国政府和洛杉矶市不仅没亏损一分钱，反而赚了 2.5 亿美元，直接带动地方服务业的收入高达 35 亿美元。这个成绩要归功于彼得·尤伯罗斯（Peter Ueberroth）。

他是如何做到的呢？

尤伯罗斯规定，在这届奥运会上，每个行业只选定一个赞助商，而且要把赞助商的总数量控制在 30 家以内，在做精的同时，激励企业抬高赞助竞标价格。尤伯罗斯设定了一个赞助最低限额——500 万美元。门槛提上来，资金就进来了。

可口可乐为了打败百事可乐，豪掷 1 260 万美元赞助费，日本富士胶卷为了挑战柯达行业老大的地位也开出了 700 万美元的竞标价格。在汽车行业，通用与丰田，彼此竭尽全力角逐"唯一"赞助权……这届洛杉矶奥运会总共筹得 3.85 亿美元赞助费，是之前传统做法筹得数额的几百倍。

尤伯罗斯规定有意参加竞标的电视公司首先需要交纳 75 万美元的保证金，美国五大电视机构为了获得转播权，都乖乖将保证金奉上。最终，美国广播公司（ABC）以 2.25 亿美元的价格中标。

之后，尤伯罗斯用同样的方法将海外实况转播权卖了出去。尤伯罗斯以 7 万美元把奥运会的转播权卖出，利用出售国际电视转播权的方法共筹款 7 000 万美元。

以前的火炬传递都是由社会名人和杰出运动员参加，这也是为了吸引更多的人参与奥运会。尤伯罗斯认为其他人一定也渴望得到这个机会。于是，他展开了他的商业路演：任何人交纳 3 000 美元，都可获得举着火炬跑 1 000 米的资格。为了获得这个资格，人们抢着去排队。在这一项，尤伯罗斯又筹集了 4 500 万美元。

尤伯罗斯这一连串的举措结束了奥运会赔钱的历史。从此以后，各主办国纷纷效仿他的做法，1988 年的汉城奥运会赢利 4.97 亿美元；1992 年的巴塞罗那奥运会赢利 4 000 万美元，创造了 260 亿的经济效益；1996 年的亚特兰大奥运会赢利 1 000 万美元，创造了 50 亿美元的经济效益……

尤伯罗斯开创了奥林匹克运动会的商业化运营模式，被称为"奥林匹克商业化之父"。

大到举办奥运会，小到做生意，利用现有资源，巧妙运用杠杆，都是有效的。有个开小吃连锁店的朋友和我说过他的创业故事，正好就是巧用杠杆的典范。

他的家庭条件一般，开小吃店一开始只是他的一个不成熟的想法，他之前从没做过小吃行业，仅有之前家里养猪攒下的 10 万元积蓄。他原来的经营模式是买豆子做淀粉，把淀粉供应给城里的小吃店，这些小吃店用他供应的淀粉做小吃，他则用粉渣喂猪。

那他是怎么开始做小吃店的呢？

他在购买自己的淀粉的客户里选了家购买量最大的小吃店，找到这家店的老板说："我想开家跟你一样的店，但没经验，想拜你为师。你看这样行不行，我免费给你打工 3 个月，但你要对我毫无保留，让我能自己开起小吃店。当然，我一定会开在别的地方，绝不跟你竞争。作为回报，我第一年赚到的钱的一半归你，以后每年给你 1 万元咨询费，怎么样？"

那家小吃店的老板想："我这家店生意这么好，反正也没精力开分店，这种方式对我来说没有任何损失，还能多一些收益，助人又利己，何乐而不为呢？"

后来这个朋友的小吃店非常成功，他陆续开了许多分店，成了当地比较有名的一个小吃品牌。

利用自己供应淀粉的这种人际关系资源找到那位小吃店的老板，是"人际关系杠杆"；用小吃店老板的知识资源实现自己开店的目标，是"知识杠杆"；用自己的小吃店未来的预期收益作为对老板提供知识经验的激励手段，是"财务杠杆"。这位朋友利用各种杠杆，降低了自己没有开店经验的风险，提高了自己创业的成功率。

5.4.2　如何撬动个人成长

杠杆除了可以用来撬动资源之外，还可以用来帮助个体实现倍速成长。经常有人说学习的时候很痛苦，看一会儿书就不想看了，或者听了一会儿课，发现有些内容比较难理解，就不太想听了。实际上，感觉痛苦反而是自己正在学习和成长的表现。人的心理可以分为 3 个区，如图 5-14 所示。

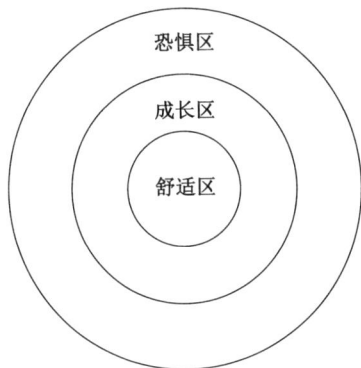

图5-14　人的心理的3个分区

人的心理最内层是舒适区（Comfortable Zone），向外扩展的第 1 层是成长区（Growth Zone），再向外扩展的第 2 层是恐惧区（Panic Zone）。人都喜欢待在自己的舒适区中，因为这个区域会让人感觉很舒服，一旦离开了这个区域就会感到不舒服。

然而人所有的学习都必须在成长区内完成，这就注定了学习的结果虽然是好的，但过程通常是痛苦的。如果把自己"推得过猛"，会把自己推入恐惧区。在恐惧区中，负面情绪过盛，人会把所有精力用于应对自己的焦虑和恐惧，没有多余的精力去学习。

运用杠杆，人能够减轻痛苦感，实现快速成长。

当有一个目标要达成的时候，一般人想到的是如何通过自身努力、自我控制来达成这个目标，这是典型的"向内求"思维。还有一类人除了想怎么向内求之外，还会想：能不能借助外力达成目标？能不能使用杠杆？他们有一个共同的特点，就是拥有"向外求"思维。

内在能量再强大，与整个外在世界的资源相比，也是渺小的。显然，要做成一件事，光靠自己的努力是远远不够的。这时候不如运用杠杆，借助外力，达成自己的目标。那么如何运用杠杆达成自己的目标呢？

例如，张三想要学习成长，但发现总是管不住自己，于是他制定了一个年度目标：一年读40本关于自我管理的书籍。虽然图书是外部事物，但这个思维的本质还是典型的"向内求"思维。

而且这其中暗含着一个逻辑漏洞，张三的逻辑是，因为我自我管理能力差，所以想通过一年读40本书来增强自我管理能力。可读书本身就是一件"很辛苦"的事，一个自我管理能力差的人，能管住自己在一年内读40本书吗？显然这个目标最终实现的可能性很小。

有没有其他办法呢？

有！他可以把年度目标改为，参加读书沙龙会，并在沙龙会上分享40本书。这就把纯粹的"向内求"转化成了"向外求"。参加读书沙龙会，通过社群给自己压力，社群里的人会对其产生期待和监督，分享的过程会产生沟通和交流。通过"输出"来倒逼"输入"，目标不仅更容易实现，而且实现的效果会更好。

还有什么办法吗？

有！他可以把年度目标改为，找到自我管理方面的专家，拜他为师、向他学习。所谓专家，必定花费了自己大量的时间在这件事情上，他很可能看过大量的书籍资料，走过许多弯路，提炼过诸多核心观点，帮助过许多有类似问题的人。

总之，直接向他取经，提出具体问题，可以更有针对性地探讨问题，更有条理性地分析问题，更加全面地解决问题，这是更进一步地运用杠杆。一个篱笆三个桩，一个好汉三个帮，说的就是这个道理。

还有没有更好的方法呢？

有！他还可以把年度目标改为，成为自我管理方面的专家。这个目标显然难一些，但达成后能使自我价值倍增。要实现这个目标，他可能需要做如下努力："不断学习并通过沙龙会分享 N 本书""不断找到自我管理专家拜师学艺""不断加入各种群体和寻找资源继续学习""不断提炼总结并管理核心知识""不断尝试帮助自我管理有问题的人"等。

因为自己本来就在自我管理方面存在缺陷，所以更容易弄清楚问题的起源并抓住痛点。因为有切身的尝试和感受，所以更容易知道哪些理论是"真鸡汤"，哪些是"假鸡汤"；哪些是"解药"，哪些是"毒药"。这个层面是更有智慧的借力，运用了双重杠杆，是"借自己之力"和"借外界之力"。这既撬动了内部能量，又撬动了外部能量。

5.4.3　如何撬动时间资源

时间是什么？这不是一个物理学问题。有人说时间是资源，而且是一种稀缺资源，我十分同意这种说法。

什么是资源？不属于本体，可以被利用，狭义上，具备越用越少的特质的东西，通常被叫作资源，例如矿产资源、石油资源、天然气资源。

这么看来，时间确实可以被看成一种资源。不过时间并不是一种公平的资源，或者说，时间并不是对每个人来说都相同的资源。寿命长的人比寿命短的人拥有更多的时间资源。日均可支配时间长的人比日均可支配短的人拥有更多的时间资源。通过金钱交换，有的人不仅可以利用自己的时间资源，还可以利用别人的时间资源。

既然时间是一种资源，杠杆又能撬动资源，那么杠杆是不是也可以用来撬动时间资源呢？当然可以。不仅可以，而且很多人的时间资源每天都在被他人攫取，例如新闻推送、消息提醒、打折活动等。人们守住自己的时间资源都很难，因此很少有人懂得如何撬动他人的时间资源。

1. 构建杠杆，撬动更多的时间资源

撬动的时间资源越多，影响力越大。不仅对个体来说是这样，对所有行业、所有企业、所有产品来说都是这样，不然为什么很多互联网产品都在追求用户数量、在线时间等流量数据，这些数据的本质就是撬动用户时间资源的结果。

个体要崛起、要达成自己的目标，也需要撬动更多外部的时间资源。外部的时间资源可以分为用户的时间资源和助己者的时间资源。所谓助己者的时间资源，指的是所有能够帮助自己达成目标的人的时间资源。

助己者的时间资源和全职或兼职员工的时间资源不同。全职或兼职员工的时间资源是用金钱交换的，而不是用杠杆撬动的。助己者的时间资源是可以通过较小能量或未来预期来撬动的。这样说也许有些抽象，下面以我的经历为例讲解。

我为什么要和十几个人力资源垂直领域的线上课程平台保持合作关系呢？因为所有这些平台的工作人员都会为我的课程的包装、造势、销售投入他们的时间资源。这些时间资源不是我直接用金钱换来的，而是平台认可我的线上课程的未来预期而要求工作人员做的。我没有投入资源，只是撬动了这些工作人员的时间资源。同理，我为什么要和十几个线下课程培训机构合作？因为这些机构的工作人员会为我做线下课程的包装、造势、销售。

当某类产品或服务能够卷入越多助己者的时间资源时，这类产品或服务的成长速度越快，未来的规模可能越大，撬动用户时间资源的可能

性就越高。

2. 守住自己的时间资源，防止被别人撬动

这其实是时间管理的概念。管理时间有个简单的秘诀：有条理地强制自己关注那些重要的事情，抑制住自己做紧急和简单的事情的冲动。人们天生就喜欢做那些简单的事情，例如手机响了，需要接电话时，人们会下意识地接电话。因为这件事情看起来紧急且简单，人们能瞬间得到满足感。但那些重要的事情却会因此被拖延到以后才去做，例如锻炼。

所以，要管理好自己的时间资源，需要做到以下 3 点。

（1）先做最重要的事

如何摆脱先做简单小事的习惯呢？想想自己当下最重要的事情是什么。自己正在做这件事吗？如果没有，为什么不做呢？是不是因为"我想先做手里的这些事，等这些事做完以后，再做对我来说最重要的事"？

可当"手里的这些事"做完之后，还有多少时间做对自己来说"最重要"的事呢？人一天想做的事可能很多，而很多小事非常占用时间。怎么办呢？要学会用更多的时间做更少的、更重要的事情。

（2）学会拒绝

人们很容易被"常识"和"惯性"偷走时间，比如，有人找我们帮忙时，如果这个忙并不难，我们通常会说"好的"。这样会显得我们善解人意、乐于助人。当别人邀请我们时，我们通常也会出于惯性接受，给别人面子。

这其实是别人在用杠杆撬动我们的时间资源，我们欣然接受，却忘了自己其实还有更重要的事。为什么不找个借口或理由，对他们说"不"呢？

（3）关闭通知

如今的互联网产品已经进化到可以利用人们关注紧急事件的习惯来

增强用户黏性，想尽一切办法攫取用户的时间资源。例如微信、微博、邮件等都会有推送通知，就连在电脑上使用百度的时候，网页上都会显示实时热搜，这些内容都在争先恐后地分散人们的注意力。

幸运的是，有一个简单的方法解决这个困扰：关闭所有通知，屏蔽无效信息，等休息时再去处理那些简单的小事情。例如每天可以设定3个时间，集中解决那些简单的小事情，这样不仅可以节省时间，而且能够提高效率。

人的时间花在哪里，结果就在哪里。把时间和精力花在什么地方，就会收获相应的东西。如果我们把时间花在吃上，通常会收获身上的脂肪；花在玩上，通常会收获一段回忆；花在读书上，通常会收获知识和远见；花在事业上，通常会收获成功的事业。问题不在于有没有时间，而在于如何选择。

第 **6** 章

变现方法

互联网商业世界中的变现有三大核心驱动力——用户数量、用户黏性和认知势能。这三大核心驱动力对应着3种变现方法——流量变现、黏性变现和知识变现。流量变现是通过比较高的用户数量变现;黏性变现是通过比较高的用户黏性变现;知识变现是通过比较高的认知势能变现。

6.1　流量变现

流量变现的基本逻辑是通过较高的用户数量、较低的单位用户变现额变现，可以简单地理解为吸引数量比较多的用户，从每个用户身上赚比较少的钱。最常见的流量变现形式是广告变现、微商变现和传统的电商变现。

6.1.1　流量大一定能变现吗

在流量变现的模式中，最关键的要素是流量吗？

其实不是，对于自媒体来说，流量只是流量变现的要素之一，流量变现中更关键的要素是商业价值。这就是很多自媒体拥有大流量，变现效果却不佳的原因。

流量变现能力 = 商业价值 × 流量。

商业价值来自哪里呢？商业价值主要来自赛道，也就是领域定位。

一个有 100 万粉丝的笑话类自媒体和一个有 30 万粉丝的美妆类自媒体哪个更有商业价值？答案一定是有 30 万粉丝的美妆类自媒体更有商业价值。

因为笑话类自媒体的用户画像模糊，没有某种特定类别的产品或服务能够针对这类群体。这类自媒体的阅读、点赞、转发、评论数据可能看起来风光，但与后续的商业转化关联不大。

相反，美妆类自媒体的用户画像清晰，适合美妆类产品的广告主精准投放。加上美妆类产品巨大的市场份额、海量的用户需求和强大的品牌实力，让这类自媒体不仅有广告投放的潜力，还有带货的潜力，商业价值倍增。

从这一点可以再回看领域定位的重要性。很多人不是不努力，但选错了定位，再怎么努力也没有用。领域定位决定了商业价值，领域定位选不对，势必事倍功半。传统电商和微商都是流量变现的典型，但只要流量够大，传统电商和微商就能做好吗？

当然不是，除了前文介绍商业模式时提到的供应链问题，还有选品问题。选品决定了商业价值。以微商为例，微商刚兴起时，面膜是卖得最多的品类。为什么是面膜？因为面膜品类的商业价值高，主要体现在以下 3 点。

1. 与美有关

爱美之心人皆有之，与美有关的产业一定是大产业，一切与美有关的品类一定是市场份额巨大的品类。这个品类的主要受众群体是女性，女性对美的追求是无止境的，同时女性的消费能力也很强。与美有关这个属性，决定了面膜拥有非常优质且数量庞大的潜在消费人群。

2. 毛利率高

面膜这个品类除了一些知名大品牌的产品可以在各大购物网站查到价格外，很多非主流渠道销售的产品在价格上并不透明。这种价格不透明也是因为用户并非专业生产者，对产品特性的认知更多来源于广告宣传。

广告宣传导向的不同和信息的不对称，让同样的面膜贴上 A 牌可以卖 10 元 / 张，贴上 B 牌就可以卖 20 元 / 张。就算那种在商超售卖，在网店可以查到的价格非常透明的面膜，其本身的毛利率也是很高的，更不用说那些价格不透明的产品。

3. 高频使用

面膜是消耗品，根据面膜的属性不同，一般面膜的推荐用量为一周

1～3 张。面膜几乎适合 18 岁以上、80 岁以下的全年龄段的女性，其潜在用户群体的数量非常庞大，每年的潜在用量也非常可观。在巨大的市场份额之下，就算再不知名的品牌，只要开展错位竞争、找准卖点，也总有在面膜市场中分一杯羹的可能性。

为什么有的自媒体火了之后能接到大量广告，有的自媒体火了后接的广告却很少呢？秘密全在商业价值上。如何选择商业价值比较高的定位呢？主要有以下 5 个关键点。

1. 看潜在用户

高商业价值的定位不仅要求潜在用户数量要多、用户质量要高，还要求用户具备一定的消费能力。例如有些自媒体的用户群体是男大学生，这类群体的用户数量虽然比较多，但消费能力有限。相比之下，女大学生的消费能力更强。

2. 看潜在产品

潜在用户对应着潜在产品，潜在产品的种类越丰富，意味着自媒体广告变现和带货变现的可能性越高，也意味着商业价值越高。例如美妆类自媒体的商业价值通常高于口红类自媒体的商业价值，因为美妆类自媒体对应的产品种类更丰富。

3. 看市场份额

潜在产品对应着产品的市场份额，市场份额越大的产品其商业价值越高。例如我在选择定位时有人劝我聚焦在人力资源管理的某个细分领域，例如聚焦在招聘领域或聚焦在绩效领域，有人确实这么做了。我没有这么做，因为人力资源管理细分领域的市场份额较小。

4. 看利润空间

产品的利润空间决定了人们愿意拿出多少钱来为产品做广告，也决定了这个产品值不值得做广告。例如吴晓波和罗振宇刚开始做自媒体时，不约而同地选择了卖书，后来又不约而同地选择了卖课。因为卖书的利润空间太小，卖课的利润空间较大。

5. 看品牌实力

领域内产品对应的品牌实力决定了品牌方为产品投放广告的能力。产品对应的知名品牌越多，品牌的影响力越大，商业价值就越高。例如汽车类自媒体对应的汽车品牌的资金实力普遍较强，这类品牌更愿意为产品投放广告。

6.1.2　如何保持流量可持续

自媒体平台的红利期一个接一个地过去，如今互联网中还在不断涌现各类平台，所有的平台、自媒体都卷入了这场争抢用户时间的大战中。流量不再像从前那么容易获取，流量的竞争越来越激烈，流量焦虑也变成困扰很多自媒体的难题。

例如有的自媒体虽然显示的粉丝数量较多，但发布内容后的观看数、点赞数、互动数等数据不太乐观。这并不一定代表这类自媒体买了"僵尸粉"，还有可能是因为这类自媒体曾经"风光"过，但随着时间的推移，粉丝注意力大量流失，表面上还保持关注，实际上早已经不看内容了。

流量变现的两大核心是商业价值和流量。商业价值的关键在于前端的选择，商业价值的高低通常在选择定位和商业模式时就已经基本决定了。流量的关键在于后端的运营，流量的大小与内容提供、资源支持和运营方式等直接相关。

1. 内容提供

在内容提供方面，要保持流量的可持续性，要注意以下3点。

（1）消耗。优质的内容往往是既有趣又有料的，但相应的，这类优质内容不仅可遇不可求，而且具备一定的消耗性。解读某个话题使用过的角度，做过的内容，很难重复使用。很多个人自媒体做了一段时间后会陷入内容枯竭的困境，正是因为他自己知道的内容就那么多，而输入的速度比输出的速度慢得多。

对于内容的消耗性，自媒体大号的做法是通过与大量全职或兼职的内容提供方合作，持续获得优质的内容产品，但对个体来说，如何解决这个问题需要提前思考。做内容之前提前了解自己的边界，好过做到一半时才发现自己的不足，这样做有助于提前设计和规划内容。

（2）创新。相似的内容，用户看一段时间后就会产生倦怠感，这也是聚焦单一内容领域的自媒体的生命周期往往比较短的原因。要让用户持续关注，在内容上要保持阶段性的突破和创新。而单一内容领域很难在短时间内有比较大的创新。

（3）质量。内容质量的稳定性决定了流量的稳定性。很多做原创内容起家的自媒体，一开始流量比较大，但运行一段时间后，迫于更新频率和工作量的压力，更新的内容难以保持原先的质量水平，很容易"掉粉"。

视频网站哔哩哔哩中，就有很多这类内容优质且有趣的UP主。例如UP主"毕导THU"，他是个"学霸"，擅长的是"硬核"的数理化知识。他的自我介绍是"数理化狂热爱好者，想做出最好玩的科学视频"。

按理说大多数互联网用户对"硬核"的数理化知识都是不感兴趣的，人们为什么要用休闲娱乐的时间学习与自己无关的数理化原理呢？但截至2020年底，毕导THU在哔哩哔哩网站上的粉丝数量超过302万，获赞数超过1 320万，视频的总播放量超过1亿次，多数视频的播放量均为100万～300万。

在一个偏娱乐化的网站上讲解数理化知识为什么能收获这样的成绩呢？因为毕导THU是用生活化的场景讲述数理化知识，把知识和生活完美地融合，把生活中的小事用"硬核"的数理化知识解读，配上其深厚的学术功底，能形成非常强的内容冲击力，他的视频往往有让观众意想不到的结果，从而让视频内容非常吸引人。

毕导 THU 有很多在生活化场景中加入数理化知识的视频，例如《火锅之神在此！如何优雅地吃一个撒尿牛丸？》讲的是如何用科学的方法涮火锅；《我给自己发了 2 亿个红包，才发现先抢和后抢差距这么大！》讲的是如何用科学的方法抢红包；《如何剪指甲不乱飞？从今天起优雅从容不飞溅！》讲的是如何用科学的方法剪指甲。

毕导 THU 的内容属性决定了他有能力保持流量的可持续。

（1）内容不容易枯竭。他的内容是把生活与科学结合。生活是个巨大的品类，其内容天然具备丰富性和灵活性，生活中的任何事都可以拿来做素材解读。科学也是个巨大的品类，而且科学每天都在日新月异地发展。这两个大品类决定了他可以做的内容是无穷多的。

（2）解决了创新难题。他的视频内容定位天然就具备创新性，只要生活中的事足够不起眼，其中的科学原理足够陌生，把两者结合之后的内容就是一种创新。在这个基础上，他还可以做更多剧本上的创新。

（3）更容易接到广告。毕导 THU 已经成功地接了大量广告，收益可观。视频内容贴近生活在变现上有个巨大的好处，就是可以承接各种类型的广告。加之他的视频内容有科学解析的属性，他可以对任何产品做科学上的解析，从而突出产品特性和优势。这些让他的自媒体账号具备比较高的商业价值。

与毕导 THU 相反，哔哩哔哩网站上有些 UP 主的视频内容太过依赖创意。当内容过于依赖创意时，必然很难"高产"，而且很容易"难产"；有些 UP 主的内容定位与消费领域不挂钩，没有产品与之相关。这些 UP

主都有可能做出爆款视频，但其本身的商业价值比较低。

2. 资源支持

单打独斗很快就会遭遇流量瓶颈，要想争取流量的增量，就需要一定的资源支持。

（1）平台支持。不论在哪个平台输出，都要想办法和平台内部的工作人员接触并建立良性关系。"网红"秋叶的自媒体粉丝矩阵有5 000多万人，自媒体类型包括微信公众号、微博账号、抖音账号、视频号等。每进入一个自媒体平台，秋叶都会去总部拜访相关工作人员，以获得平台的支持。

（2）流量联合。抱团取暖、流量融合是如今中小型自媒体的出路之一。这种联合不一定非要加入MCN机构，中小型自媒体之间进行内部协商也可以完成。例如哔哩哔哩网站不同的UP主之间经常联动，常常相互推荐，相互拍短视频。

3. 运营方式

流量生意并不像看起来那么容易，粉丝并不完全等同于流量。流量生意的本质是抢夺用户的注意力。用户的注意力是松散的、是碎片化的、是挑剔的，这就决定了要做流量生意，一刻都不能松懈。

任何事物都有生命周期，流量也不例外。任何一个自媒体都面临着流量的快速成长期、流量稳定期和流量衰退期。自媒体运营的关键就是不断延长流量的快速成长期和流量稳定期，寻找流量的增量部分，稳住流量的存量部分。

6.1.3 流量变现有哪些方式

流量是变现的基础，流量变现一般是和其他变现方式结合在一起的。例如流量＋黏性可以实现直播带货变现，流量＋专家身份可以实现知识变现。如果只有流量，黏性和专家身份属性都比较弱，也可以实现变现。比较纯粹的流量变现方式有 3 种，分别是广告变现、微商变现和电商变现。

1. 广告变现

广告是大企业的必需品，广告变现是最常见的流量变现方法之一，是最传统的变现方法之一，也是永不过时的变现方法之一。自媒体的广告形式很多，当流量比较大，且其用户群体是广告商的目标群体时，就可以通过广告变现。

2. 微商变现

微商是借助微信发展红利期成长起来的一种变现形式。在微信推出"朋友圈"功能后不久，人们很快发现这是一部分待开发的流量。

很多人说微商已经过时了，已经不像以前那么火爆了，实际上这只是大浪淘沙的结果。任何事物刚出现时都会经历一个野蛮生长的阶段，这个时期总会有各路"牛鬼蛇神"登场，又黯然离场。

这些被淘汰的人的普遍特点是没把心思用在产品和服务上，而是想尽办法宣传造势，甚至不惜使用欺骗的手段，将微商环境弄得乌烟瘴气，让微商在很多人心中变成了一个贬义词，人们听到后都避而远之。

微商是一种商业生态，不是每个做微商的人都在用假照片和炫富吸引眼球。巴菲特有句名言："大潮退去，才知道谁在裸泳。"微商确实没有刚开始时那么火爆了，可以理解为没落了，但更准确的说法是它趋于理性了。

那些违法乱纪的、有悖道德的、经营不善的、管理混乱的微商渐渐消失了，剩下的是那些遵循经济规律，正经做生意的微商。微商依托微信这种使用率很高的软件作为销售渠道。微商的商业逻辑本身是没有问题的。只要微信存在、消费存在、需求存在，市场就存在。

3. 电商变现

李子柒采用的模式就是典型的电商变现模式。

截至 2020 年年底，天猫李子柒旗舰店的主要产品类型有 4 种。

（1）调味品，包括调味酱和调味料。

（2）方便速食，包括方便面 / 拉皮 / 面皮 / 方便粉丝 / 米线 / 螺蛳粉。

（2）滋补品，包括即食燕窝。

（4）冲饮品，包括姜汤、豆浆、藕粉。

李子柒网店的产品几乎都是高毛利、具备消耗属性、用户价格敏感度低的产品。高毛利保证了赢利能力；具备消费属性决定了产品能够保持比较高的重复购买率；低价格敏感度决定了客单价较高。加上李子柒的个人品牌溢价，李子柒的网店不论是销售额还是利润额都能保持比较高的水平。

6.1.4　流量变现要注意什么

这是一个自媒体泛滥的时代，每个自媒体人都希望自己一夜爆红，得到大量关注。事实是，每个平台都只有大约前 5% 的自媒体能成为头部，赚取整个平台 80% 以上的红利；有大约 15% 的自媒体成为腰部，赚取大约 15% 的红利；剩下的 80% 只能成为尾部，分享剩下的大约 5% 的红利。

所以到底要不要走流量变现的道路，首先要盘点一下自己是否具备流量变现的条件。除了选择有商业价值的定位，保证优质的内容输出，具备资源和运营的支持之外，走流量变现的道路之前，还要特别注意以下 3 点。

1. 时间投入

获取流量是一件很辛苦的事，每一个大流量的背后都是个人或团队的不断尝试和辛苦付出。获取流量是一件没有尽头的工作，不能三天打鱼两天晒网。抛开内容不说，获取流量从时间投入上就能劝退很多人，开始流量变现后要一直坚持才可能有成效。

我一开始在垂直领域平台做内容输出时的更新频率是日更。那时候我还在上班，每天下班回家吃完饭的第一件事就是写第二天的文章。那个平台有一个打卡机制，每周一到周五还会发布一个 HR 关心的现实问题，每个人都可以就这个问题投稿，要求文章字数至少达到 1 500 字，提交之后有专人审核，审核通过之后会被推广到首页被所有用户看到。如果没有这些时间的投入，又怎么能换来流量？

2. 应对挫折

获取流量要学会应对挫折。在刚起步时，一定会遇到各式各样想不到的困难，一定会经历自己努力了一段时间之后却没有得到自己预期的回报的情况，也一定会遇到一些刁钻用户的质疑或否定。这个时候不能自乱阵脚，要学会应对这种挫折。

我在垂直领域平台上发布的文章偶尔会遇到个别用户的负面评价。我一开始的态度是质疑自己，会思考是不是自己写得不好。后来我发现绝大多数用户是喜欢的，又觉得写这些负面评价的用户都是"网络喷子"，和他们针锋相对。再后来我就见怪不怪了，遇到负面评价先审视自己，发现自己没问题后，一笑置之。

3. 持续输入

获取流量需要高质量的内容作为保障。高强度的输出需要持续的输入，不然很快就会江郎才尽。"输出倒逼输入"讲的就是这个道理。不是因为我们已经学到了足够的东西，才开始输出；而是因为我们想要通过输出总结自己学到的东西，发现知道的东西还不够多，才会去学习。这时候的学习，是润物细无声的，是自动自发的。

"写书哥"运营的是文字类微博账号，每天都需要输出大量文字，他和我分享他的学习输入经历时是这么说的。

从我开始自媒体写作后，我明显感觉到自己的知识在飞速增长。现在反思，是以前的我不爱学习么？不是的，以前我也有焦虑感，每天都要抽出很多时间看书，希望多学知识，以免被时代抛弃。

但这种焦虑太虚无缥缈了，没有量化指标。只知道多看书、多长见识，但看多少呢？吸收到什么程度呢？对自己有没有用呢？什么时候会有用呢？这一连串的问题，都是没有答案的。这种学习是没有目的、没有目标的。

我开始自媒体写作之后，这些问题都迎刃而解。

我的微博每天要发超过10篇原创文章。这些文章最初可以写自己的故事、朋友的故事。可是故事写完以后怎么办呢？我肯定要学习，要从书中汲取营养，于是看书的目的就明确了。

以前我看一本书大约要看一周，但时间不等人，如今我必须强迫自己两三天看完，然后迅速找到书中的闪光点，结合自身的经验，把这些闪光点变成自己的知识。这种学习让我的注意力非常集中，看书速度极快。

以前我经常听线上课程学习，现在几乎不听了，为什么？因为听音频吸收知识太慢，不如直接看文字。音频1分钟只能讲200～300字，而且在整段听完之前，不知道哪里需要跳转。我阅读1分钟能看1 000字以上，可以速读、可以跳读、可以精读，灵活性高。10分钟的音频文字内容，我2分钟就能看完。

学习只是一味吸收是不行的，还要学着分享出来。怎样写作才能通俗易懂呢？这其实很难，需要大量练习，不断试错，不断修改。看我如今写文章好似风轻云淡，但其实每一篇文章都改过好几次。甚至有些不满意的地方，已经写了近千字，我也会果断删除放弃。这个过程虽然艰难，却让我学到了很多写作的技巧。回看一年前写的东西，我会觉得真差劲，这就是成长的感觉。

6.2 黏性变现

黏性变现的基本逻辑和流量变现的基本逻辑刚好相反，是通过较低的用户数量、较高的单位用户变现额变现，可以简单地理解为用户数量比较少，从每个用户身上赚比较多的钱。最常见的黏性变现形式是直播变现（打赏）、社群变现等。电商直播带货不是纯粹的黏性变现，而是流量变现＋黏性变现。

6.2.1 直播变现的原理是什么

直播是怎么火起来的？人们为什么愿意看直播？为什么愿意为直播付费？

直播一开始的火爆只发生在游戏领域。最早人们看直播的主要目的是学习游戏高手的操作手法，然而当下直播领域出现了更加多元的元素。

知识类的内容可以直播，音乐类的内容可以直播，新闻类的内容可以直播，综艺节目可以直播，大型活动可以直播，产品也可以通过直播销售。直播变成了一个既可以塑造 IP，又可以增强用户黏性的工具。

我不是直播用户，所以我曾经很好奇直播用户到底是基于什么目的看直播。在我原先看来，很多主播的内容形式就是坐在那里和用户聊天，还有的无非就是唱歌、跳舞、玩游戏或秀技巧。这类内容具有比较强的不可预见性，也就是用户事先并不知道自己能看到什么，很可能看了半天"看了个寂寞"。这也正是我这种实用主义者不看直播的原因。但和其他内容形式的强输出相比，直播的内容真的能吸引用户吗？

　　为了深入了解直播用户的感受，我特意找了身边 3 个长期使用直播平台的人，问他们在什么情况下会看直播，看直播时的场景是什么。他们都说了各自的应用习惯。有意思的是，他们有一个共同的应用场景。

　　那就是在电脑、平板电脑或手机上打开直播平台，找到自己感兴趣的领域的某个主播或某类内容。如果是电脑，就缩小成一个窗口放在桌面上。如果是平板电脑或手机，就把设备支起来放在那里，拿起另一个平板电脑或手机使用。直播的过程不影响他们进行其他的聊天、看电影、看综艺或玩游戏等诸多娱乐。

　　如今，互联网平台和自媒体都在争抢用户的时间，按常理来看，不同的内容形式之间是互斥的关系，或者是"串联关系"，即把用户的时间看成单线程的，用户接收完一种内容之后才能接收另一种内容。而直播这种内容形式却打破了这种互斥关系，化"串联关系"为"并联关系"，把用户的时间变成多线程的，让用户可以在接收直播内容的同时接收其他内容。

　　很多直播平台上主播 IP 塑造的秘密就是时间。这些主播可以和别的内容共用时间、分享时间，甚至主播和主播之间也可以共用时间，也就是一个用户可以同时观看好几个主播的直播。这在如今内容泛滥的互联网时代，早就不是什么新鲜事了。

　　时间对 IP 人格化的塑造和情感的养成是非常重要的，这也正是大家都在争抢用户时间的原因。短时间的内容刺激只能让用户对个人 IP 产生好感，长时间、多频次的内容刺激才能让用户爱上个人 IP。

　　爱和喜欢是完全不同的两种情感，喜欢可以是一瞬间的，但爱需要时间。技巧可以让别人很快喜欢自己，但彼此必须经过一段时间的相处，经过一段时间的正面情绪的积累，才能将喜欢升级为爱。恨和讨厌也是如此，讨厌的感觉往往是一瞬间的，但要升级到恨，也需要一段时间的负面情感的积累。

直播打赏变现的逻辑，正是通过主播长时间的陪伴、长时间的正面情绪的积累，让用户对主播产生深厚的正面情感，从而愿意为主播的时间付费。其他人不理解为什么用户愿意打赏主播，是因为他们没有经历时间的积累，没有产生用户对主播的那种情感。

6.2.2 黏性变现的逻辑是什么

黏性变现的核心逻辑是什么？为什么黏性可以变现？

黏性变现的关键词是"陪伴"，本质上黏性消解的是人们的孤独感。

黏性变现的核心逻辑是通过 IP 高度的人格化，使 IP 具有较强的亲切感或独特的人格魅力，让用户愿意与 IP 沟通和交流。这种沟通和交流不一定是实时的，不一定是强互动的，但需要是长时间或高频率的。

从 2021 年开始，所有人都在说粉丝增长遇到瓶颈，增长空间越来越小是互联网全行业面临的难题，接下来要挖掘的，就是如何用好存量市场。

存量市场的出路在哪里？几乎只有增强黏性这一条路，否则存量必然会变得越来越小。存量的黏性增强了，才有可能实现"深度粉销"，才有可能让用户在付费之后愿意再次付费，从而提高复购率。

这就是为什么很多原本野蛮生长的自媒体都在向社群化方向发展。互联网一方面打破了边界，让人们能够在短时间内获得来自各个不同领域的信息；另一方面重塑了边界，基于对某个领域的需求或热爱，不同社群之间的边界越来越清晰。

社群化的运营和发展，大致可以分为以下 4 个阶段。

1. 中心聚集

快速把用户聚集到一起并不难，优质的内容产品、高势能的 IP 或某次主题活动都可以做到。但这个阶段只是社群组织的初创期。在这个时期，社群成员之间彼此陌生，只是因为某个共同的目标聚集在一起，需要引导和开发，才能向下个阶段发展。很多人正是在这个阶段没有做好，才让社群在组建不久后就迅速消亡。

2. 网状结构

社群发展的第 2 个阶段是形成网状结构。只有社群成员之间彼此熟悉、相互沟通、多次交流，才能形成这样的结构。形成网状结构是社群成员间建立信任的过程。

3. 资源互换

社群发展的第 3 个阶段是资源互换，这里的资源互换可以是信息交换，可以是人际关系资源交换，也可以是物品交换。经济发展的本质是交换，有了交换，就有了商业活动，有了商业活动，社群的经济价值才开始展现。

4. 价值交换

资源互换的下一步是价值交换，社群成员之间可以通过各种形式相互协作，促成职业或事业上的进一步合作。

这 4 个阶段是一个有价值的社群成长的必经之路。要从第 1 个阶段走到第 4 个阶段，需要社群创建者耗费一定的时间和精力。对于社群发展的 4 个阶段的理解，我们可以想象名校的 MBA 班级。在名校学习 MBA 的学费昂贵，很多人读 MBA，学习知识是一方面，更重要的是扩展人际关系。

一个 MBA 班级的同学因为学习目标聚在一起，首先形成社群。刚开始，他们彼此之间不熟悉，需要相互认识、相互熟悉，网状结构逐渐形成。彼此认识、几次接触之后，同学之间建立起基本认知，于是开始尝试资源互换。经过几轮资源互换后，同学之间的熟悉程度提高，关系比较好的同学之间可以开启价值交换。

"写书哥"发过这样一则微博。

训练营的未来是社群：课程不值钱，陪伴才值钱。

刚才一个大 V 和我说，他的减肥训练营只做了一期就放弃了。我很奇怪：这是长期的事情，根本不是一个月能搞定的。

他说抄袭的太多，甚至有人拿他的课程去卖，他觉得训练营太容易被复制，所以宁可不做，只做线下。

他错了，训练营的本质并不是课程，能讲课的人很多，核心问题是，人家凭什么和你玩？我的理解如下。

1. 群主要专业。这是最低要求，不能把学员"带歪"了。其实网上有很多"抄袭型"社群，这肯定做不长久。

2. 社群有温度，不能总是由上而下地讲课，社群成员之间要多互动，大家成为朋友，慢慢地就离不开了。

3. 经常有活动。总做同样的事，慢慢地大家就疲了，绝大部分社群有个"3 个月死亡定律"，如何持续活跃，很考验群主的能力。

4. 强制性学习。人性本懒，社群中要有强迫机制，每天必须完成任务，完不成就微信催、打电话催，甚至清理出队伍。

回到前面，课程最多占社群的 20%，更重要的是运营。如何激发大家一起玩，这才是关键啊。

6.2.3 如何增强粉丝群黏性

常听几个朋友谈起粉丝群管理的难题。我有个朋友利用组织大型活动现场加微信群发红包的方式有了几十个微信群；另一个朋友利用自媒体宣传的方式引导大家加群，也有了几十个微信群，还有些朋友利用其他各种各样的方式有了很多微信群。这些微信群美其名曰私域流量，但我这几个朋友的微信群都有个共同的问题，就是加完群之后没有人管理。

如今私域流量的概念被炒得很热，很多人已经开始针对这个概念做线上知识付费产品变现，教别人如何获取和管理私域流量。私域流量是相对公域流量的概念。

公域流量指的是从外部平台上获取的流量，如果是知识付费领域，可以是从得到 App、喜马拉雅、千聊等平台获得流量；如果是电商领域，可以是从淘宝、京东、拼多多、美团等平台获得流量。这些流量也许比较大，但很难被有效管理、不受控。

私域流量指的是自主化程度比较高、比较受控的流量，是自己可以在任意时间，按照任意频次，通过相对直接的方式触达的流量，例如微信公众号的推送、微信群或直接与粉丝成为微信好友的微信号。

从公域流量和私域流量的含义来看，显然私域流量更优，然而理论是理论，现实是现实。很多人建立了大量的微信群但只是放在那里，渐渐微信群就变得无人问津。加上管理不善，常常有人把微信群当成广告群，有些微信群里平时没有动静，有动静也都是各种砍价、投票、广告等信息，这让微信群里的其他人不是直接退群，就是选择屏蔽信息，不再关注这个微信群。

当微信群较多时，应该如何管理？如何增强粉丝群黏性呢？如何低成本地管理微信群呢？

和很多流量比较大的机构或 IP 相比，我的粉丝群不多，微信群和 QQ 群加在一起不到 30 个，加群的粉丝总数量不到 2 万人。每天都有人在群里说话，平均每个群每天会有上百条聊天记录，虽然不属于特别"火热"的群，但远远好过那种"死群"。

重点是，我的所有群都由一个团队成员利用碎片化时间管理，这个成员有自己的本职工作，管理群只是他众多工作中的一项。事实上他也没有花太多时间在群的管理上，就能把群管理得井井有条，还让群保持一定的活跃度。

结合我的群管理经验，我总结了低成本、高效率地增强粉丝群黏性的方法，内容如下。

1. 粉丝能获益

群是一种组织，既然是组织，就要有组织目标。这个世界上任何没有目标的组织最终都会走向消亡，无一例外。组织目标一定要与粉丝本人有关，要有利于粉丝，让粉丝获益，而不是有利于建群人。所以在建粉丝群前，首先要明确3个关键问题。

（1）建群有什么目标？

（2）群能解决什么问题？

（3）粉丝有什么好处？

有人说"我建粉丝群，就是为了我以后发广告方便"。虽然这句话不会直接对粉丝说，但只要持着这种目标建立的群一定会成为"死群"，会引发大量粉丝的退群行为。

我的群就是在我充分思考了这3个关键问题后才建立的，我的粉丝加群主要以学习交流为目的，加入我的粉丝群主要有5个益处。

（1）交流。我的粉丝群以HR为主，大家都是同业，在群里可以相互交流工作心得。人力资源管理工作的灵活性非常高，有定性无定法，同业交流有助于了解其他企业的做法，从而给自己的工作提供更多的思路。我会邀请乐于分享的朋友加入我的粉丝群，增强交流气氛。

（2）分享。很多人力资源管理的公众号为了吸引粉丝，会要求粉丝转发某文章到某群，从而获取某份资料。一般的群坚决杜绝这种广告性质的内容转发，我的群则允许这种转发，但转发人获取资料后必须在群里分享。这样就自发形成了分享资料的社群功能。

（3）信息。除了粉丝间相互的分享之外，我也会定期在群里分享一些免费的学习资料。另外，群助手会定期在群里发布一些行业信息、调研报告或我定期发布的自媒体文章。这些资料和信息都是免费的，可以帮助粉丝拓宽视野。

（4）资源。既然群里都是同业，除了具备学习交流属性之外，这些群还具备资源互换属性。例如某粉丝的公司正在招聘人力资源岗位的人才，其他想找工作的粉丝就可以尝试去应聘；或者某粉丝的公司在招聘其他岗位的人才，粉丝中恰好有人认识这方面的人才，也可以推荐。

（5）惊喜。除了前面4种益处之外，群里还会有很多意外的惊喜。例如我会不定期在群里发布免费的线上直播课程。我在写书或研发课程时，有时会和粉丝一起"磨课"，如此一来粉丝可获得免费的高价课程，我则可以获得粉丝的反馈，实现双赢。

2. 自组织引导

有的群中有活跃分子，能够自发提高群的活跃度，有这种粉丝是幸运的。但如果没有这类活跃分子，就需要专人去提高群的活跃度。这就让群比较多时，提高群的活跃度变成了一件费时又费力的事。我见过有的机构甚至雇专人管理群，也没得到想要的效果。

我的群管理没有花费管理人员过多的时间和精力，是因为在建群之初，我就将群向"自组织"方向引导。所谓自组织，就是能够自发运营、自发管理的组织。

（1）强调自发。看了上文提到的加入我的粉丝群能够获得的5个益处之后应该能感受到，我的群从建立之初，就在强调粉丝在群里的自发性：有问题，自发在群里提出；有资料，自发在群里分享；有资源，自发在群里交换。群是所有粉丝的社群，不是我一个人的社群。强调自发性不仅有助于提高粉丝的参与感和主人翁意识，而且能够减少粉丝群的管理成本。

（2）自愿入群。与很多人建群时想尽一切办法让粉丝加群，追求群的粉丝数量多不同，我在建立粉丝群之初就抱着"姜太公钓鱼"的心态。我不强求大家加群，认可我的粉丝群能提供的 5 个益处、愿意加群的粉丝可以自己申请加群。我不会采取任何手段让粉丝加群，这就让加群的粉丝具备了一定的自发意识。

（3）表明边界。因为我的群叫"任康磊的人力资源管理"，虽然已经说明了收益，但总会有粉丝对群有自己的理解和期待。例如有的粉丝认为我应该时刻在群里给粉丝答疑，这显然是个不现实的期待。有的粉丝认为自己在群里说话应该有人马上响应，而且要有求必应。遇到这类粉丝时一定要表明群的边界，不认可边界的粉丝可以退群。

3. 建立群规则

国有国法，家有家规，群也一定要有群规则。有了规则，群才能有效运行，群的设计和定位才能有效落实，才有助于管理人员进行群管理。

以我的群为例，粉丝进群后，群助手会发布以下规则。

欢迎小伙伴们加入任康磊老师的人力资源交流群，本群欢迎 HR 小伙伴在群内互相讨论交流工作、学习经验。

本群会不定期分享学习资料、文章等，也欢迎小伙伴们共同分享人力资源、企业管理类学习资料。

关于任老师的书籍或线上课程事宜，大家可以 @我。

欢迎大家邀请 HR 小伙伴加入，邀请微商、营销号进群的，直接移除。

发广告、投票等无关信息的，直接移除。

为了给大家营造良好的群聊环境，请大家共同遵守以上规则。

备注：进群后，请在群昵称后注明您的地区，如"小助手上海"，便于群内小伙伴互相交流。

关于转发领取资料，还有一个更细致的规则，内容如下。

转发领取资料的，只能一个人发，发完之后注明自己会把资料发到这个群里，请大家不要转发。跟发或者没有分享资料的，只能移除。

不注明相关信息就转发的，也只能移除。

转发时必须注明：转发链接是为了本群友获取资料，获取资料后会第一时间把资料转发到本群，请大家不要跟发。

为了给大家营造良好的群聊环境，请大家共同遵守以上规则。

发广告和无关信息的，直接移除。

有了这些规则之后，加上群管理人员的日常管理和提醒，整个群就能有序发展了。

6.2.4　黏性变现需要注意什么

黏性变现和流量变现的逻辑不同，操作方式也有所不同。流量变现可以专心获取流量，但黏性变现要充分考虑粉丝的感受。这就要求必须在内容和人设两个维度上同时打造精品，两者缺一不可。

1. 内容

在内容端，要注意以下 3 点。

（1）高黏性。内容上要具备一定的黏性，要让人看完之后产生意犹未尽的感觉，愿意再看其他的内容。拥有高黏性，意味着粉丝可能拥有高忠诚度。

（2）差异化。要与市场上的同类内容形成比较明显的差异。市场上广泛存在的内容、人云亦云的内容、老生常谈的内容不仅没有竞争力，也不会有市场。

（3）高壁垒。内容要具备一定的不可复制性，优质的内容一定会引来一大批人争相模仿。

2. 人设

在人设端，要注意以下 3 点。

（1）高势能。人设一定要追求高势能，高势能会带来高溢价。

（2）亲民化。高势能和亲民化不矛盾，两者兼备必然会收获强粉丝黏性。

（3）价值观。人设在很大程度上来源于价值观，要注意正向、积极。

关于人设，一定要走出重内容、轻人设的误区。很多自媒体人醉心于内容生产，不重视人设，这样不仅不利于形成个人IP，而且会因为人设模糊，减弱粉丝黏性。例如哔哩哔哩网站上有个"鬼畜"区，里面有很多"鬼畜"类视频内容。许多UP主费了很大力气做视频，但他们本人从未在视频中出现，人格化程度低。很多人虽然喜欢看这类视频内容，却对这些UP主毫无认知。

另外，有效实施黏性变现需要3个必备条件。

1. 提供理由

要提供粉丝愿意投入时间持续关注的理由。这个理由可以让粉丝持续获得价值，满足其自身某方面的需求，例如持续提供优质的连载内容，能够有固定时间在线上或线下与粉丝见面，能够提供更便宜的产品等。

2. 保持互动

互动是必须的，但正如前文所说，互动不一定需要是实时的。但互动一定要有，如果互动太少，粉丝可能会失去归属感，黏性会减弱。互动的方式、频率、时间要提前设计，最好由IP本人来做，如果时间不允许，可以由其他人操作。

3. 贴近粉丝

既然要增强黏性，就不能保持高高在上的形象。要把粉丝当作自己的朋友，体现亲切感，让粉丝感受到这种沟通交流是温暖的。在内容端也要更贴近粉丝的生活，要根据粉丝的问题提供更有针对性的解决方案。

6.3 知识变现

知识变现的基本逻辑是通过较高的认知势能获得权威感，让人们信服，打造专家形象，从而成为某领域专家或 KOL。知识变现的领域虽然是垂直的，但用户群体是广泛的，可以 To B 也可以 To C。知识变现的领域比较广，图书、线上课程、线下课程、问答、咨询等都属于知识变现。

6.3.1 知识变现有哪些困局

随着得到、喜马拉雅、千聊、荔枝微课等 App 的发展，知识变现在我国迅速发展壮大。互联网上一夜间多了很多"名师"，一下子涵盖了几乎所有领域。如今，知识变现已经有了比较成熟的模式，竞争呈现白热化状态，早已经是一片"红海"。

知识变现看起来是个门槛比较低的事，很多人都想从中分一杯羹。在互联网上卖课程的门槛仿佛只剩下一台电脑和一个麦克风。只要会"忽悠"，没几年经验的人都能被包装成"专家"做线上课程赚钱。如今，很多知识类的 MCN 机构甚至能实现批量包装和复制 IP，知识内容的生产也可以遵循套路实现批量化。

如果说 2016 年是知识付费的元年，那么 2019 年就是知识付费迎来拐点的一年。从 2019 年下半年开始，知识付费的热度明显下降。2020年线下教育市场受到重创，线上教育市场理应迎来转机，实际上却并没有。

低完播率和低复购率已经成为知识付费行业的通病。业内有数据显示，整个知识付费行业的完播率不到 30%。完播率和复购率直接决定了知识付费行业究竟是冲动消费，还是一个可以持续做下去的生意。

当前知识变现有哪些困局？如何应对这些困局呢？

1. 同质化

随着知识变现的发展，如今互联网上充斥着大量同质化严重的知识产品。同样的知识、同样的故事，张三可以讲，李四可以讲，王五也可以讲。张三、李四、王五讲的内容有什么本质上的不同吗？多数情况下没有不同。

如何应对同质化严重的问题呢？

传统的知识变现的卖点是信息不对称。就是对于某件事，我知道，别人不知道，我就可以让别人知道。但知识只是一层窗户纸，捅破了之后，大家都知道了，我还能教别人什么？这时候就只能教经验了。什么是经验？如何教经验？前文已经提过，这里不再赘述。

知识的同质化必然是严重的，但经验的同质化不会那么严重。毕竟知识是具有共性的，经验是独特的。成功的企业各有各的成功之处，失败的企业也各有各的失败之处。要应对同质化严重的问题，可以从以下3个方面努力。

（1）对相同概念不同角度的解读。例如同样是讲人才招聘难的问题，我会从做销售的角度类比做招聘，而且预言在人才招聘越来越难的大背景下，企业对招聘人才的管理方式会逐渐转向类似于销售人员的管理模式。

（2）对相同概念不同情况的处理。例如同样是讲制订培训计划的问题，很多人是按照书本上的内容讲，先做培训需求分析。而我会根据不同的情况进行不同的处理，企业制订培训计划可能要解决人才培养问题，可能要解决绩效问题，可能要解决培训体系建设问题。针对不同情况，有不同的制订培训计划的方法。

（3）对相同概念不同场景的应用。例如同样是讲绩效管理，很多人只会讲绩效管理的基本原理。而我会根据企业类别展开讲解，比如企业可以按大企业、中等企业、小企业分，可以按劳动密集型行业、资本密集型行业、技术密集型行业分，可以按互联网行业、制造业、服务业分，不同的企业可以采用不同的绩效管理模式。

2. 强竞争

如今任何一个适合知识变现的领域在互联网上都至少有 5 套不同讲师的课程在销售。就算没有，只要这个领域的市场够大，很快就会出现同类课程。有些竞争激烈的大品类甚至有上百套同类课程在销售。

例如我的人力资源管理数据分析课程本来是全网独一份，但当这套课程的销量变好之后，很快出现了大量跟风做相同主题课程的人。

如何应对竞争激烈的问题呢？

应对竞争激烈的问题，可以从以下两个角度着手。

（1）通过差异化实现错位竞争。强竞争和同质化是一对"好兄弟"。往往是因为同质化严重，才会出现强竞争。解决了同质化严重的问题，竞争激烈的情况也能得到缓解。

（2）通过高势能实现错维竞争。不同的势能，其竞争的维度是不同的。因为 IP 总体为金字塔结构，头部 IP 的势能较高，数量较少，对中部和尾部 IP 能实现降维打击。

6.3.2　如何应对知识变现没有效果

先于知识变现兴起的，是知识焦虑，而知识焦虑源于自媒体的发展。自媒体为了"博眼球"，鼓吹和制造焦虑其常见的方法。然而随着自媒体用户趋于理智，焦虑越来越不起作用。其具体表现为，买了线上课程的人发现自己的情况并没有因为学习知识而发生改变，于是纷纷认为线上课程没有用，不再相信知识付费产品。

有个学员和我说，他在知识付费刚兴起时，深深地陷入了焦虑，他把 99 元至 199 元的课程买了 5 000 多元的，然而很多课程他都只听了开头，他听完的课程也觉得没用。他没有怪自己，而是怪这些课程是录播课，学不进去。后来市场上出现了价格为599元～1 999元的训练营，有了作业、打卡这些设计，他觉得这下可以好好学习了，又陆续报名了很多训练营。好不容易学完了，他发现还是没有效果。

尤其是有些平台打着通识教育的幌子，却做着知识娱乐的生意，把知识付费产品做成了故事会、成功学和心灵鸡汤。这种内容听起来很轻松、很热闹、很有趣，一点都不枯燥，重点是根本不需要思考，但用户听完之后几乎什么都学不到，什么都没有改变。

如何应对知识变现没有效果，以及由此造成的用户流失问题呢？

1. 实用主义

知识付费的下半场，"干货""硬核"这些关键词高频出现。在自媒体中经久不衰、在图书市场中持续热销、在线上课程中热度不减的知识类内容都具备实用属性。人们购买知识付费产品，最终买的是用途，而不是买有趣，更不是买个热闹。

虽然人们在情感上希望知识的传输方式有趣、简单，但骨子里还是希望知识足够实用。这一点就像挑苹果，当人们没吃过苹果时，都会挑鲜红色的买。当人们有了经验之后，知道苹果并不是越红越甜，有些看起来略微发青的苹果反而更甜。

苹果甜不甜才是第1位的，好不好看是第2位的。经济学家的知识不会帮助楼下卖煎饼果子的商贩的生意变好，但另一个卖鸡蛋灌饼非常成功的商贩拥有的知识却能帮到这个卖煎饼果子的商贩。

2. 预设场景

预设场景就是提前界定好知识的边界和对应的要解决的问题。特定的知识都是在特定的场景下解决特定的问题。这类知识往往是专有的、独特的。而那些"放之四海而皆准"的知识通常是正确的废话。

有了场景和边界，相当于有了知识成立的条件。在设计知识产品的内容时一定要把这部分讲清楚，要让用户知道某个知识不是学会了、知道了就能给自己创造价值，而是要在某些特定的情况下使用，才有可能创造价值。

3. 谨慎承诺

前几天我打开某平台，看到一条教别人发音的线上课程的广告文案是这样的："让你坐在家里动动嘴就能赚到比上班更多的钱。"该广告暗含只要买了这套线上课程，就不用上班了，在家里也能赚钱，甚至赚得更多的意思。

一切承诺效果的知识付费产品都是营销套路，可以使用，但要注意营销端调动起来的情绪要在内容端有相应的内容与之承接。营销端鼓励用户冲动消费，但内容端要注意谨慎承诺，让用户回归理性，把视野放在知识本身能解决的问题上。

6.3.3 知识变现未来怎么走

知识变现的下半场应当何去何从呢？

从目前知识付费市场的大环境来看，有 5 个知识变现领域在未来依然能够保持较强的市场活力，其市场规模将长期保持稳定。

1. 刚需

学习是反人性的，大多数人能不学习就不学习，能不动脑就不动脑。但学习是社会圈层进步和发展的阶梯，在某些人生阶段，只有学习才能让自己获得进步，赢得竞争。这就会让刚需性质的教辅产品一直保持热度，如考试提分教辅类产品、中高考教辅类产品、英语教辅类产品等。这些领域的竞争通常比较激烈，但市场空间也最大、最稳定。

2. To B

能够满足 B 端需求的知识产品的商业价值比较明显，企业愿意为之付费，该类产品就总会有市场空间。知识付费经过一段时间的发展，从知识产品的市场表现能够得出结论，To C 的长尾效应并没有战胜 To B 的短尾效应。在知识产品的消费上，B 端总体的付费能力远强于 C 端。

B 端的需求是多元化的，其对应的知识产品也是多元化的，这个特点不仅体现在线上或线下传授式的培训。线上的训练营、线下的拓展训练、直播的针对性答疑、有方向性的咨询项目等都是 B 端用户的需求。因此，面向 B 端用户的产品开发将大有可为。

3. 强势能 IP+ 大流量

强势能 IP 的价值依然存在，因为这类 IP 具有稀缺性，例如吴晓波、高晓松、蔡康永等人的知识产品依然具有比较高的价值。这类强势能 IP 不仅自带流量，而且更容易获得比较大的流量资源的支持。但这种模式也有缺点，就是必须由强势能 IP 亲自出面，借势者依然很难做大。

4. 女性 & 儿童

女性和儿童的消费能力最强，这早已是被商界普遍认可的事实。在知识付费领域，这一点依然成立。与女性如何变得更美相关的知识付费产品一直都非常火爆，与儿童如何变得更好相关的知识付费产品也是热度不减。当然，儿童类知识付费产品的主要消费人群是儿童的母亲。

5. 有助发展类

成年人的学习诉求通常比较"功利"，他们更愿意学习那些能让自己获得好处、能快速解决自身问题、有助于个人发展、能够提高个人竞争力的知识。这就让职业证书考试辅导类、专业领域技能类、专有软件操作类的知识能够保有一定的市场空间。

除了以上 5 个领域，其他知识变现产品不能说一定不行，但一定经不起"百家争鸣"。它们在短期内也许有市场，但从长期看，必须足够稳定才能说这是一个优质的产品。

举个例子，"写书哥"的社群里有位宝妈，在她的微博粉丝只有 1 万多人时，她开了个价格为 4 980 元 / 人的培训班，第 1 期就有 100 多人报告，实现了 50 多万元的营收。在如今知识变现已经越来越难的情况下，她是如何做到的呢？

1. 建立信任

这位宝妈做的是亲子教育类知识产品，主要教父母教育孩子。在自己孩子的成长过程中，这位宝妈自学了很多幼儿早教知识，她的孩子在各方面的学习都优于同龄孩子，并且她在微博上分享了很多教育孩子的心得。有真实的案例，有成功的经验，她的粉丝对此感同身受，对她微博上介绍的方法也非常认可，于是购买了这个知识产品。

2. 错位竞争

市场上常见的针对孩子的知识付费产品主要是针对青少年的考试成绩提升类教育，例如 K12 类教育，还有学前类教育，例如英语口语教育。这些领域的受众是孩子，而且绝大部分市场份额已被资金实力雄厚、师资力量丰富的教育机构占领，普通人很难"吃到蛋糕"。这位宝妈的产品虽然是为了孩子能好好学习，但受众是父母，与市场上的同类产品形成了错位竞争。

3. 易售属性

前面介绍的 5 个市场空间比较大的知识变现领域中，这位宝妈的知识产品占了 2 个。

（1）刚需属性。子女教育是永远的刚需产品，在经济条件允许的情况下，几乎所有家长都愿意在子女教育问题上花钱。

（2）女性 & 儿童属性。这位宝妈的知识产品是解决儿童的教育问题，主要面向的是女性用户（母亲），更容易销售。

除此之外，这位宝妈的产品还有一定的焦虑属性。这也是对"别人家孩子"的另一种应用。当父母看到别人家的孩子比自己家的孩子更优秀时，一定很好奇为什么别人家的孩子那么优秀？有比较，就容易产生焦虑情绪。当这位宝妈给出解决方案（知识产品）时，就会有很多家长对此感兴趣。

然而问题来了，很多读者一定会有这样的疑问：当资本和人才资源都比较丰富的教育机构发现这个商机，大量投入资源进场后，也做出类似的知识产品，那时候这位宝妈的知识产品还有竞争力吗？

竞争力依然存在。这位宝妈的变现方式不是单纯的知识变现，还包含了黏性变现，属于黏性变现 + 知识变现。这位宝妈通过博主的身份建立粉丝社群，和粉丝保持高强度互动，从而获得粉丝黏性。高粉丝黏性让这位宝妈的身份定位非常清晰。这种粉丝黏性，传统的教育机构是难以复制的。

6.3.4　知识变现如何To B

就算 2016 年开启了知识付费元年，很多 C 端用户自掏腰包学习线上课程，但与 B 端的需求体量相比，C 端市场依然是小众市场。得到 App 2019 年的营业收入接近 6.3 亿元。这个收入在中国专门开展 To B 业务的培训机构中只能算中等水平。

在成年人的职业教育方面，B 端市场依然是知识付费的主力战场，而且未来会一直保持这种状态。B 端对知识的需求呈现出以下特点。

1. 刚需

职业教育对 B 端用户来说是刚需。提高员工的工作能力能够有效提高员工的工作效率，能够提升员工的绩效水平，从而提升企业的绩效水平。在 B 端，好的职业教育是企业提升业绩的催化剂。所以在职业教育方面，B 端的需求更大。

2. 有钱

企业有培训经费，这些经费最后都会转化成一场又一场的培训或学习。企业的培训经费常常是大手笔的，因此企业对培训产品价格的敏感度较低，对培训效果的要求较高。只要培训能够达成较好的效果，B端是有能力支付较高的培训费用的。

3. 集中

相对于C端用户比较广泛的知识需求，B端用户对职业教育的需求比较集中。B端用户的知识需求大多强调实用性，只有对企业有用的知识，才是有价值的知识。如果对个人有益，但对企业用处不大，这样的知识产品很难在B端有市场。

B端知识产品需求较大的类别如下。

（1）销售管理类，包括如何做品牌建设、如何提升销售业绩、如何做市场运营、如何做危机公关、如何进行新媒体营销、如何做好客户服务。

（2）采购管理类，包括如何做好供应链管理、如何有效谈判、如何降低采购成本。

（3）人力资源管理类，包括如何增强组织效能、如何做好绩效管理、如何做好员工激励、如何做好员工保留、如何打造高绩效团队。

（4）财务管理类，包括如何进行预算管理、如何有效融资、如何实现业务与财务融合、如何看懂财务报表。

（5）办公技能类，包括如何用好Excel、如何用好PPT、如何用好Word、如何用好Photoshop、如何做视频剪辑、如何进行商务写作、如何做好商务礼仪。

（6）通用管理类，包括如何进行项目管理、如何进行团队管理、如何做好沟通协作、如何处理人际关系、如何演讲、如何正确思考、如何解决问题、如何自我管理、如何进行复盘。

以上这些领域都是特别适合走 B 端路线的品类。要想打入 B 端市场，如果有渠道，个体可以直接与 B 端用户接触，尝试直接与 B 端用户建立合作关系；如果没有渠道，个体可以与培训机构合作，向培训机构报价或与培训机构约定分成比例。

值得注意的是，虽然 B 端的市场空间大，但竞争也不小，要获得 B 端市场的认可并不容易。对某领域的知识需求，单一企业选择时具有排他性，也就是某企业选择了 A 就不会选择 B。如何在竞争激烈的 B 端市场中脱颖而出？个体主要可以在以下 3 个维度付出努力。

1. 势能

高势能比较容易顺利进入企业的采购流程，甚至可能直接成交。C 端虽然对知识付费的价格比较敏感，但比较容易产生冲动消费。相对于 C 端，B 端的采购流程比较理性，需要谨慎比较、层层把关。在这种情况下，高势能 IP 往往更容易获得企业的青睐。

2. 权威

C 端的 IP 可以包装，门槛比较低，有的低资历、低能力、低素质的讲师也能被一些为谋求利益的小机构包装成"名师"，这也造成了 C 端知识付费市场鱼龙混杂的局面。这种做法在 B 端市场很难成功，B 端需要真才实学，需要真权威，而不是包装出来的"权威"。

3. 排他

既然 B 端市场的采购流程是优中选优，这就要求产品具备一定的排他性，或者具备某个领域的唯一性，要给 B 端提供选择你的理由。具备排他性后，产品的溢价能力会增强，个人的收益也可能成倍增加。

6.4 变现行动

流量变现、黏性变现和知识变现并不是完全独立的 3 种方法，这 3

种方法通常是结合在一起使用的。使用这 3 种变现方法，找到适合自己的商业模式后，接下来就要采取变现行动。在开始变现行动前，要计算最小生存单位，实施最小可行性方案，设计适合自己的变现漏斗结构。

6.4.1 躬身入局前应思考什么

在进入一个领域前，除了思考这个领域本身的可能性外，还要结合自己的实际情况进行思考。在选择变现方式之前，也要如此。为什么别人教的方法没用？因为适合别人的不一定适合自己，这是适配原理。

装配一台电脑，不是每个部件都用最好的，这台电脑的性能就是最强的，电脑的各个硬件之间的性能要匹配才能达到最佳效果。装配一部手机如此，装配一辆车如此，装配一台机械设备也如此。各方面都适配的，才是最好的。

个体在躬身入局之前，应思考什么呢？

要思考最小生存单位。所谓最小生存单位，就是在这个领域中，经过自己最大的努力后，最小的获益是多少？这个最小获益能不能满足自己的生存？如果能，那么这件事就值得做。如果不能，这件事就不值得做。

很多人在选择副业或自主创业时，第一时间想到的是如果有一天我成了这个领域的头部会怎么样，也就是假如自己在这个领域中做到最好时能收获什么。这些都是宏伟的画面和美好的蓝图，很多人忽略了进入这个领域可能存在的危机与风险。

实际上，在决定进入一个领域前，首先应想的是：如果成为这个领域的尾部，会怎么样？也就是假如在这个领域做得不好，能收获什么？这时候我们的目光就会聚焦到一些比较现实、比较具体的问题上。

例如，张三原本有一份全职工作，兼职运营微博账号。微博粉丝数量破 10 万后，张三每月基本有 4 000 ～ 6 000 元的收益。张三了解到，很多有几百万粉丝的微博账号持有人平均每月有超过 10 万元的收入。这时候，张三决定辞掉工作，全职运营微博账号，冲击 300 万粉丝和月入 10 万元的目标。

有目标、有野心、有冲劲是好事，不过盲目乐观就显得不够理智了，毕竟市场中存在太多不可控因素，这些因素不是靠勤奋就能规避的。粉丝数量会不会因为张三由兼职变全职而在短时间内大幅度增长？收益会随着粉丝数量的增长而达到预期吗？收益是稳定的吗？这些问题的答案都存在不确定性。

那么张三正确的思考方式是什么呢？张三应该思考，假如他全职运营微博，粉丝数量并没有明显增长，收入也没有明显增长，收益依然是每月 4000 ～ 6000 元。这个收益能满足家庭的日常生活开销吗？他能接受吗？他能接受这样的情况持续多久？张三应该定目标，做规划，勤行动，但更应当提前思考最差的情况是什么。如果最差的情况出现，他能解决家庭的生存问题吗？

刚开始时，可以先实施最小可行性方案。所谓最小可行性方案，就是要在这个领域中起步和发展，获得最小生存单位需要的最小投入规模和最少行动方案。

随着互联网技术的发展，适合做副业与自由职业的领域越来越多。有些领域看似进入门槛很低，但是获利门槛很高，也就是要获得最小生存单位并不像进入这个领域那么简单。

例如，低门槛正是微信公众号对外宣扬的产品特色之一。几乎任何人都可以轻松拥有自己的微信公众号。如果不考虑其他因素，一个人确实可以轻松利用业余时间运营自己的微信公众号。

但微信公众号的最小可行性方案并不简单。也就是说，个人如果想通过微信公众号获得最小生存单位，获得满足自己生存的收益，不投入足够的时间、选不准方法，几乎是不可能实现的。

目前市场上的许多头部微信公众号，其背后不是某个传媒公司，就是某个工作室。它们具备共同的特点，就是由非常专业的团队运营。

除微信公众号之外，很多内容领域都具备进入门槛低但获利门槛高的特点。所以在选择进入某个内容领域前，要思考最小可行性方案。

躬身入局是行动力强的表现，但在这之前要注意，"低头走路的同时也要抬头看天"。不要陷进去，要行动，但不要冲动。先往最坏处想，想好了再做。开始时，要计算最小生存单位，实施最小可行性方案。

6.4.2　如何设计变现漏斗结构

有效的变现模式为漏斗结构。漏斗从上到下依次变窄，代表每一级产品或服务的用户数量相应减少。在互联网电商领域，有一个经典的漏斗原理，如图6-1所示。

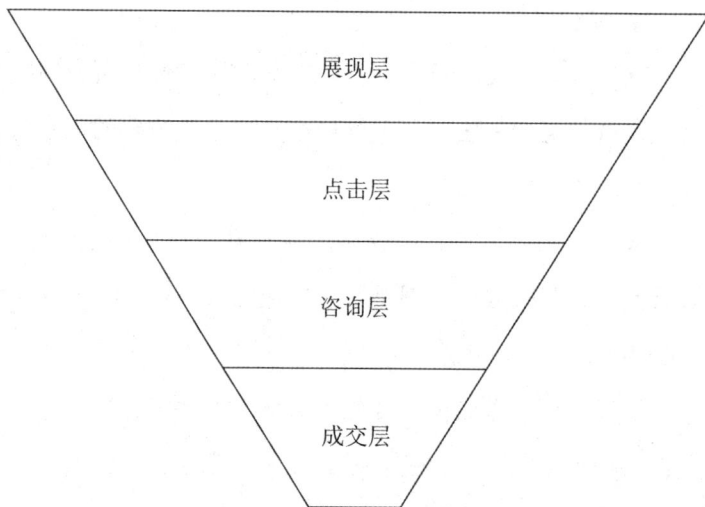

图6-1　互联网电商领域的漏斗原理

展现层指的是在互联网上所有能看到产品相关信息的潜在顾客。

点击层指的是看到产品的相关信息后感兴趣，点击进入产品详情页面的潜在顾客。

咨询层指的是看完产品的相关信息后，向客服咨询，了解产品细节的潜在顾客。

成交层指的是达成交易、最终付款，完成产品购买的顾客。

漏斗原理不仅适用于互联网电商领域，在整个营销领域都有比较广泛的应用。

下面以淘宝网上某销售羽绒服的商家为例，说明买家购买羽绒服的过程。

1. 展现层

买家在淘宝上搜索关键词"羽绒服"，可以看到成千上万张产品图片。这些图片会一起展现在买家眼前。这时候很明显，排名靠前的产品被买家看到的机会更大、更有优势。

2. 点击层

经过浏览后，买家对某款羽绒服感兴趣，然后点击产品链接，进入产品详情页。也许买家在展现层一共浏览了 1 000 件产品，只点击了其中 10 件查看详情。也就是说，99% 的产品被买家淘汰了。

3. 咨询层

买家进入某个产品主页后，有意购买，于是向客服询问羽绒服的价格、款式、尺码以及物流等情况。在这一层，买家同样会淘汰大部分产品。

4. 成交层

买家经过询问客服，最终选出了 3 件心仪的羽绒服。但买家只想购买其中 1 件，于是他思前想后，最终选择了其中 1 件。买家付款，交易达成。

个体通过互联网变现的过程也呈现出漏斗结构。以我为例，我的所有产品共同形成了漏斗结构，如图6-2所示。

我的自媒体起的是纯粹的引流作用。出版物是变现的第一步，出版物能够变现，也能够引流，能够引入下一级的线上课程产品。线上课程同样能够变现，也能够引流，可以引入下一级的线下课程产品。线下课程的主要功能是变现和转化至下一级的咨询产品。

需要注意的是，具备变现能力的产品应当尽量让其变现，不要把期望放在这类产品的下一级产品上。

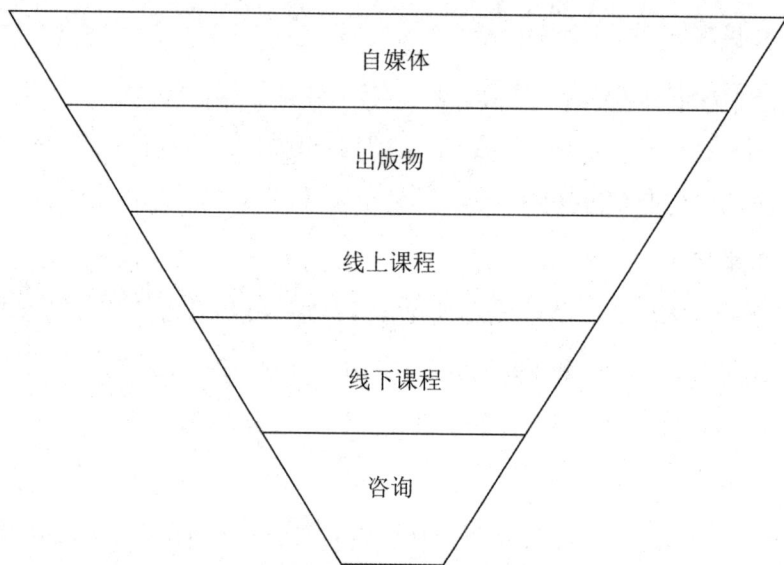

图6-2　我的所有产品的漏斗结构

例如我身边有人说"我出书不是为了赚钱，是为了给线上课程引流"。他出了一本书，有一套线上课程在几个平台上销售。结果书和线上课程都卖得很差。如果书卖不起来，哪里来的流量引到线上课程呢？一门线上课程售价99元，就算能通过书为线上课程引流，变现能力又如何？

　　我还听过有人说"我做线上课程不是为了赚钱，是为了给线下课程引流"。可是付费线上课程如果销量不好，哪里来的流量引到线下课程呢？免费线上课程引流的用户，又有多少有消费能力购买线下课程呢？

　　类似的还有"我做线下课程不是为了赚钱，是为了给咨询项目引流""我做咨询项目不是为了赚钱，是为了让公司买系统""我做系统不是为了赚钱，是为了整合资源"……

6.4.3　为什么变现那么难

　　看完前文的商业模式和变现方法之后，也许会有读者认为这太难了。实际上，难不难应该成为阻碍行动的问题，不应该成为阻碍开始的问题，因为人生本来就是艰难的。与其思考难不难，不如直接采取行动。可以先发射，再瞄准。

　　不管梦想多美妙，计划多周详，如果不采取任何行动，梦想只能是空想。

　　正如艾青所说："梦里走了千万里，醒来还是在床上。"

　　做了，才有可能成功；不做，永远不可能成功。

　　思考、准备，不是坏事。但过度思考，常常会成为行动的绊脚石。虽然未来是未知的，但即使走错路也会有满满的收获，永远不要只停留在思考阶段。

　　三思而后行，不是让我们想太多做太少。这世上有些事，是我们在现在的视野中看不清楚的，必须得先走两步，而且得快。因为往往等我们深思熟虑后，决定要行动的时候，才会发现，很多刚开始存在的对我们有利的东西已经不见了。那时我们就会开始思考这件事还有没有必要去做，而大多数情况都是，没有行动的必要了。

　　"发展中有问题，就在发展中解决。"我们不能因为前期有问题就采取"等待"的思维，要先行动起来，在行动中找问题，在行动中找解决方法。我们要的是创造结果，而不是停留在思考层面或者某些美妙的蓝图中。不完美的行动比完美的筹划更重要，一个不那么理想的结果总比没有结果强！

6.4.4　是什么"囚禁"了思想

大部分人认为的不自由，指的是被关进监牢，被囚禁，或身体抱恙、行动不便这类身体无法随自己意志移动的状态。但他们很难发现，思想上的不自由比身体上的不自由更可怕。即便人身在监牢，但心在四海，那也是自由的；可即便人身在五洲，但心被囚禁，那也是不自由的。

人的信念是怎么来的？可能来自学习，比如孩子在小时候掉进水里被淹过，所以知道水可能会淹死人。可能是通过观察别人的行为得出的结论，比如小时候在班上看到其他同学调皮被老师惩罚，所以总结出上课不可以调皮。可能是通过重要人物的灌输得到，比如父母对孩子说，人最重要的就是要有上进心，将来要有出息。

信念会让大脑在面对同样或类似的事情时，自发地去应对这件事，而不必让人们每次遇到类似的事情时都需要思考，从而提高做事效率。

比如有位爸爸认为孩子的成绩不好就是因为孩子不认真，这是一个信念。每次当孩子的考试成绩不理想时，他就责怪孩子不认真，不去想其他原因，看不到其他的可能。客观地讲，孩子成绩不好，有可能是因为父母关系不好，影响了孩子，孩子想用成绩不好来引起父母的关注；有可能是因为孩子不喜欢学校的老师；也有可能是因为孩子对这门课程不感兴趣，确实不愿学。

因此，没有哪一种信念在任何一个环境里总是有效的。

有什么样的信念就会有什么样的行为，不同的信念带来不同的人生成就。当一个信念限制我们更好地提升、获得更多的可能性、取得更多的收益的时候，这个信念就变成了限制性信念，这种信念直接带给人行为上的限制。当人们在思想上认为一件事不可能时，在行动上自然就不会去做，因为信念认为做这件事不会有什么好结果。

行为学家康拉德·洛伦茨（Konrad Lorenz）曾经研究过鸭子的行为，他发现刚出生的小鸭子不论看见什么会移动的物体，都会把那个物体当成自己的妈妈，跟着那个物体走。这个物体不一定是生物，连滚动着的乒乓球都会被小鸭子当成鸭妈妈！小鸭子的大脑在出生的那一刻便形成了一种限制性信念。

我们有时就如同刚出生的小鸭子一样，很多限制性信念一直在无意识地影响着我们的人生。我们经常会听到有人告诉我们"你是做不到的"，而我们往往信以为真。这些声音可能源于父母、师长，也可能来自比较亲密的同学、朋友，甚至自己。他们也许没有恶意，但他们的话会引发我们内心的恐惧与不安，让我们害怕尝试冒险，自我设限，生活也变得千篇一律、原地踏步。

常见的限制性信念如下。

1. 我没有办法

因为这个信念，很多人常常被困难阻碍。谁也没有一帆风顺的人生，我们总会遇到各种各样意想不到的困难，但有这个信念的人，往往认为自己没有办法解决困难。

2. 我不会成功

因为这个信念，很多人很努力地工作，但到临门一脚时往往出现担心、害怕、忧虑等负面情绪，导致失败。

3. 我太缺乏经验了

没有谁生下来就是有经验的，每个人都要经历一个从无经验到有经验的过程。许多创业成功的企业家不是因为有经验才创业成功，而是从无数个小的失败和成功中获得了经验，然后才取得了成功。

4. 对我来说太晚了

什么时候是早？什么时候是晚？早和晚都是自己定义的。褚时健从76岁开始种橙，作家吴亮60岁才出了自己的第一本小说。

怎样消除限制性信念呢？

简单来说，就是化被动为主动，化不可能为可能，盯着方法，而不是盯着现状。消除限制性信念需遵循5个步骤：困境、改写、因果、假设、未来。

以某人有"我不会游泳"这个限制性信念为例。

（1）困境。"我不会游泳。"这是当下待解决的问题。

（2）改写。"到现在为止，我尚未学会游泳。"困境中描述的不会游泳是个"死"状态，没有任何能改善这种状态的暗示。改写后，这个信念表示自己只是暂时还没有达到某种状态，暗含一个努力的方向和一种对达成这种状态的预期。

（3）因果。"因为过去我未能找到一个好老师和安排好时间，所以到现在为止，我尚未学会游泳。"客观评价，找出自己还没有达成这种状态的全部原因。

（4）假设。"当我找到一个好老师并安排好时间，我便可以学会游泳。"这一步在内心种下一颗希望的种子。

（5）未来。"我要去找会游泳的朋友，请他们介绍老师给我，并且改变我的工作安排，使自己每个星期六下午都可以去上课，这样我将学会游泳。"为了达到那个状态，要采取具体行动。

5步完成后，这个人就已经完全消除"我不会游泳"这个限制性信念了。

第 7 章

个人品牌

个人品牌意味着商业价值，意味着势能和竞争力。构建个人品牌不等于拥有流量，互联网上从来不缺大V，从来不缺"网红"，但真正有个人品牌意识的大V和"网红"很少。很多大V和"网红"也许在某个时间段内"大红大紫"，流量很大，但也可能很快就"陨落"。构建个人品牌究竟有哪些误区？如何构建个人品牌？

7.1 构建个人品牌的典型误区

在互联网世界，构建个人品牌比构建个人 IP 更难。什么是个人品牌？个人品牌是人们对个体价值导向的群体强认知。IP 的概念比品牌的概念弱一些。动画电影《哪吒之魔童降世》是个大 IP，却不是个大品牌。

罗振宇、罗永浩、吴晓波、樊登、郭德纲等人的个人品牌就构建得比较成功，而很多艺人是个人 IP，虽然他们在视觉上的辨识度高，但其人格化程度很低、区别度低，也许这些艺人的流量很大，但并没有形成个人品牌。

7.1.1 有流量就有个人品牌吗

很多人认为流量大就代表品牌强，觉得有了流量就有了个人品牌，于是不断地追求粉丝量、阅读量、点赞数和转发数，追求曝光的机会。可事实绝非如此。你可以想一下，互联网上曾经有多少大红大紫的人，现在早已销声匿迹。

我是中国第一代网民，算是资深老网友。因为上网比较早，那时父辈会把我这种人叫"网瘾少年"。

我为什么记得这么清楚，因为那时候的网吧分为两个区，一个区能上互联网；另一个区只能上局域网，就是给在一个网吧里面的人玩游戏用的。能上互联网的那个区收费比较高，在那个年代就要 3 元 / 小时。当年的 3 元的价值远超现在的 30 元。那个年代没有微博，没有微信公众号，流量最大的是论坛和门户网站。

那时互联网上的机会也很多，论坛里已经有很多"网红"了。这些"网红"也很努力，可为什么绝大多数"网红"后来慢慢都消失了呢？因为他们空有流量，没有品牌。没有品牌，一个人就算能红一时，也会很快被遗忘。如果一个人有个人品牌，可能不会一直像某段时间一样"大红大紫"，但能一直活跃。只要存在，只要有产品，只要卡准生态位或价值位，个人品牌就能持续存在。

互联网上流量大的人不计其数，慢慢消失的人也不计其数。流量不等于个人品牌，为什么呢？

1. 流量只代表热度，但个人品牌需要构建认知

什么叫品牌？品牌首先是由人们的集体认知形成的，所以构建个人品牌的关键是构建集体认知。比如可口可乐，人们对可口可乐这个品牌的认知早就超过了可口可乐产品本身，人们还赋予了可口可乐很多其他的意义。有流量，只代表有热度，有很多人关注。但有热度，不代表人们对其有认知。流量和热度可以被创造，但认知需要刻意去构建。

2. 流量千篇一律，但个人品牌是独特的存在

流量不是因为互联网才存在，只要人群聚集，就有流量。只是有了互联网之后，大家对流量的认识更清楚了。流量的本质是人的注意力，互联网上追求流量的做法都差不多，很多自媒体为了追求流量、追逐热点而贩卖焦虑，这些做法很难让自媒体形成个人品牌。个人品牌应当是有差异的独特的存在，需要比较高的辨识度。

3. 流量没有生命，但个人品牌要树立特有的形象

流量是冰冷的，是没有生命的，但个人品牌需要有温度，要有血有肉，要树立特有的形象，例如肯德基的慈祥老爷爷的形象。麦当劳曾经有个小丑形象，后来随着一些影视作品把小丑恐怖化和妖魔化，很多人反映小丑形象有点恐怖，容易产生童年阴影，于是麦当劳的小丑形象就用得比较少了。商业品牌都在拟人，个人品牌本身就是人，当然也需要树立特有的形象。

当然，流量不是不重要，打造个人品牌需要一定的流量基础。流量固然是重要的，但有了流量不代表就有了个人品牌。要想构建个人品牌，如果只追求流量的增长，不注意在人们心中构建认知，那最后大概率会失败。

很多人觉得自己有一个有大流量的抖音账号，有一个有大流量的微博账号，自己就有个人品牌了，其实这远没有达到个人品牌的程度。拥有流量，不代表就拥有个人品牌。另外，当个人品牌构建好之后，其实它会自带一部分流量。

7.1.2　斜杠青年是个人品牌吗

前些年，"斜杠青年"这个词特别火。近几年兴起的通过副业赚钱就是由斜杠青年发展演化而来的。我之前听人讲"如何打造个人IP"的话题，说当不知道如何定位时，可以把自己定位成斜杠青年。连那种有明确标签的人都很难被别人记住，更何况是什么标签都没有的斜杠青年呢？对构建个人品牌来说，斜杠青年不是加分项，而是减分项。

我就是在斜杠青年这个词还比较火的时候开始在简书上输出的，当时简书上很多人都说自己是斜杠青年。我当时也学着别人给自己贴了个斜杠青年的标签，说自己除了本职工作外还写作。当时我写的都是职场故事、鸡汤文，偶尔也写写老本行人力资源管理，但效果很差。

斜杠青年不等于个人品牌，为什么呢？

1. 斜杠青年没有标签，个人品牌需要让人难忘

构建个人品牌的第一步是让别人记住，最好能让别人难忘。人的记忆力是有限的，人们记忆陌生人时更倾向于给他贴标签。大部分人都只

能记住别人的一个标签。例如提起巩俐，想到的是强气场"影后"；提起韩红，想到的是实力派歌手。可斜杠青年的标签太多，没有重点，很难被人记住，所以很难成为个人品牌。甚至在某些情况下，还可能让人觉得这个人不专一，可能引起别人的反感。

2. 斜杠青年定位不清，个人品牌需要精准定位

定位的重要性前文已经提过。要创造价值，每个人都要找到自己的定位。只有有定位，才可能有属于自己的生态位。在商业世界中，生态位意味着价值位。占据了价值位，才能在自己所在的领域内创造最大的价值。斜杠青年的定位不清，其对应的生态位和价值位不清，很难把价值最大化。

3. 斜杠青年难出成绩，个人品牌需要单点爆发

斜杠青年涉足的领域通常都是比较浅层的，获得的价值变现也是领域内比较低的。斜杠青年和非斜杠青年相比，有个必然的劣势，就是斜杠青年的时间更加分散、不聚焦。时间不聚焦，对事物的理解就不深刻；对事物的理解不深刻，就不专业；因为不专业，所以和专业人士相比就不具备竞争力。

我以前炒股和投资亏损过 100 多万元，后来深刻地体会到了一个道理：拿股市来说，比我专业 100 倍的人都在亏损，我凭什么赚钱呢？用自己的不专业去挑战别人的专业，是一件很不聪明的事。如今，互联网各领域的竞争都非常激烈，专业人士都不敢说自己有多大的优势，更不要说那些不专业人士了。

郭德纲说："只有同行才有赤裸裸的仇恨。"别人说我的同行也在背后说我坏话，看我的书卖得好，课程卖得好，看着眼红，说什么的都有。其实说这些话的人里有很多都是在企业上班的人。他们都是用业余时间写书、做课程，抱着赚外快的心态做事。他们的书和课程卖得不好，企业还会给他们发工资。我是全心全意地做这件事，我的书和课程要是卖得不好，我就没饭吃了。我是在雨里没有伞需要拼命奔跑的人，跑得比他们快有什么可奇怪的吗？

拿出所有时间全心全意做一件事都不一定能做好，更何况三心二意地做。构建个人品牌需要在某个领域内实现单点爆发，而不是跨领域。构建个人品牌，一定要专心做好一个领域，就算在那个领域成不了头部，也要尝试进入前20%，或者努力进入第一梯队。

7.1.3　专家身份是个人品牌吗

常有人问我："我在某领域有超过20年的工作经验，我是这个领域的专家，我是不是很容易就可以在这个领域构建起个人品牌了？"

我的回答是："专家身份和个人品牌之间隔着一条河，要找个合适的位置，建一座稳固的'桥'，才能把专家身份和个人品牌联系在一起。"

1. 专家身份是范式定位，个人品牌需要高辨识度

专家身份是一种属性定位，并不是个人品牌。例如，可口可乐是一种饮料，饮料可以用来解渴。饮料和解渴就是可口可乐这个品牌对应产品的范式定位。但没有人会认为这就是可口可乐的品牌。可口可乐的品牌包含青春、热情、温暖等关键词。

以我为例，我的范式定位是实战派人力资源管理专家。这个定位只代表我的功能属性，很多人都可以是，但我的个人品牌里包含草根出身、干货输出、解决问题、经历挫折、不屈不挠、突破困境等关键词。

既然品牌的本质是一种集体认知，那集体认知是如何产生的呢？是通过故事，通过画面感，通过口口相传，通过人们的印象和感受产生的。集体认知如何传递呢？需要不断地、重复地告诉用户，品牌是依托于产品存在的，但品牌高于产品。产品决定了范式定位，但品牌有更高的定位。专家身份就像一种提供产品或服务的能力，不是品牌。

2. 专家身份是功能标签，个人品牌需要高亲和力

专家身份只代表专家的功能，功能本身并不能给人留下深刻的印象，因此不能形成品牌。个人品牌需要亲和力，需要有血有肉、有生命力。

我的胃不好，多次去医院看胃病，给我留下最深刻印象的一个医生是位40多岁的女医生。她给我看病时说她以前胃也不好，给我讲了她当时有哪些困惑，平时怎么养胃，我的看病体验就特别好。

我有个朋友，是个人成长、目标管理方面的专家。有一次我去听他的线下课程，因为顺路，课后便送一个学员回家。路上，这个学员和我说他觉得我的这个朋友更有亲和力了。以前我朋友讲线下课程时，讲的全是干货，举的例子也都是些没生命力的案例。这个学员觉得我这个朋友虽然讲得都对，讲得很好，但总觉得和他之间有种距离感，觉得他很神秘、高高在上。

后来我这个朋友在讲课时会讲一些生活化的场景，讲一些自己的糗事，把个人生活化的一面展示给学员。这个转变让他在学员的心目中的印象不再是原来那个高高在上的专家，而变成了一个更鲜活、更完整的形象。这样做不仅不影响他在学员心中的形象，反而让学员们更了解他、更喜欢他了。

7.2 构建个人品牌的3个关键

了解清楚构建个人品牌的误区后，具体要如何构建个人品牌呢？要构建个人品牌，除了需要时间积累，需要不断经营，需要势能加持，还需要注意3个关键点，分别是解决问题、设计产品和实现差异化。

7.2.1　如何解决问题

我们是谁不重要，我们能解决什么问题才重要。个人品牌一定要建立在能帮别人解决某类问题的基础上。这个世界上没有任何一个品牌可以脱离基本经济规律而存在。个人品牌也不例外。

什么是基本经济规律？供需就是基本经济规律。有需求，供给才有价值。我们可以把需求方理解成个人品牌的受众，把供给方理解成个人品牌。在构建个人品牌之前，首先要问自己，自己的个人品牌能帮别人解决什么问题。

吴晓波的个人品牌解决了人们期望了解前沿的财经知识和最新的财经新闻的问题。

罗振宇的个人品牌解决了人们期望获得通识类知识的问题。

樊登的个人品牌帮助了人们养成阅读的习惯。

一个人的价值是由谁决定的？人是社会动物，每个人都生活在社会之中，每个人都是社会人，都需要向社会交出一份答卷，都需要得到社会的认可。所以，每个人的价值显然不是由自己来感受和决定的，而是由社会来决定和认可的。社会靠什么来判断每个人的价值？当然是经济规律，供需关系。谁解决的问题多，谁在社会上就具有高价值。

1994 年，唐骏刚进微软公司。在人才济济的微软公司，他只是一个微不足道的工程师。当时微软公司正在向全球推广 Windows 操作系统。微软公司开发多语言版本的思路是先开发英文版，然后将英文版移植到其他语言版本上。所以其他各种语言版本的 Windows 操作系统都比英文版本晚上市好几个月。

唐骏希望改变这一切，并产生了一个新思路：改变 Windows 操作系统的内核构造，把英文内核变成国际化语言的内核，使移植大大简化，最终做到多语言版本与英文版本的进一步开发同步进行，同时可以大大节省人力成本。

于是，唐骏用了 6 个月的时间，每天下班后回家加班，将每个部分各选做了一个具有代表性的模块，以充分地展示他的思路的正确性。方案基本成熟后，唐骏向分管副总裁汇报并演示了自己的研究成果。

副总裁听取了他在模块改进方面的专业意见后，成立了一个由 30 个人组成的项目组，让他当总经理，开创了操作系统多语言版本一次性开发、统一发布的历史，为微软公司抢夺了市场，多创造了数亿美元的利润。

唐骏为什么能够脱颖而出？这主要源自他有 3 个了不起的地方。

（1）微软公司多语言版本计划的实施需要几百位专家的参与，一个接一个语种地开发，耗时、耗财又耗人力。作为新人的唐骏，并没有仅仅抱着完成任务的态度被动地工作，而是从全局的高度看到了这个思路的局限性。当然，相信看出这个思路局限的不止唐骏一人，所以光凭这一点唐骏还不能成为一流的员工。

（2）唐骏看到这个局限之后，下决心要解决这个难题，并且立即采取行动，着手研发解决方案。当然，光有决心也不够，还需要有持续的、进一步的行动。

（3）他并没有为了实施自己的想法而与公司谈条件，而是用了 6 个月的下班后的私人时间悄悄开发全新的解决方案。他研发解决方案的过程，没有影响他的正常工作，也没有损耗公司的财力、物力。

想象一下，当比尔·盖茨发现手下的一个新进工程师拿出一个相当专业和成熟的模块改进方案，这个方案不仅大大简化了原先的研发思路，能让微软 Windows 操作系统的多语言版本同时面世，提前抢占市场，而且能让几百人的专家团队缩减至 30 人……这样的员工是不是会令比尔·盖茨震惊不已、欣喜若狂?

唐骏的方案被微软公司接纳后，微软公司任命唐骏出任项目组的总经理。微软公司的任命，是因为唐骏用他的专业能力为公司做出了贡献。

唐骏说："比别人多做一点点，成功的机会就会比别人多10倍。"多想、多做、多思考，才可以避免怀才不遇! 公司里有很多人很聪明，一眼就能看出公司的问题，但有的人只会抱怨，有的人却能够解决问题、创造价值。

正是抱着帮助公司解决问题的心态做事，唐骏才能通过成就公司来成就自己。

7.2.2 如何设计产品

个人品牌一定要有产品或作品。所有的品牌一开始都是依托于产品存在的，没有产品，品牌很难长久持续。如果是知识型 IP，最好的产品是什么? 当然是书。就算知识型 IP 不出书也不要紧，只要不断写作，不断输出文字内容，就是不断输出产品。

举个反例，互联网上曾经有两个比较火的人物——芙蓉姐姐和凤姐。她们是一类人，都特别自信地展示自己的外貌。她们的外貌和自信形成了强烈的对比，在当时引起了大量网友的关注，是中国比较早期的"网红"代表。

芙蓉姐姐和凤姐属于个人品牌吗? 当然不算。当时她们在互联网上确实有自己的生态位，但她们只具备消遣价值，她们的存在更多地承担着互联网的娱乐功能属性。在当初那个互联网内容远没有今天丰富的年代，芙蓉姐姐和凤姐凭借这个生态位火了好几年。

后来芙蓉姐姐和凤姐为什么又消失了呢? 因为互联网的内容渐渐丰富了起来，平台越来越多，有了微博，有了微信公众号，有了抖音 App，互联网呈现出"内容爆炸"的局面。这时芙蓉姐姐和凤姐的劣势就表现出来了,她们只有功能,没有产品。只有功能,就没办法成就个人品牌,自然会逐渐被人们遗忘。

其实不是芙蓉姐姐和凤姐"消失"了,是如今互联网上的"芙蓉姐姐"和"凤姐"太多了,竞争太激烈了,芙蓉姐姐和凤姐没有竞争力了。网友们早就对芙蓉姐姐和凤姐这种类型的网络人物无感了。没有产品的"网红"可能会带来一时的新鲜感,但很难持久。

个人品牌不仅需要产品,而且拥有的产品不能过于单一,要形成功能互补的产品矩阵。

秋叶人称"秋叶大叔",是一名大学教师,最早被人们熟知是从"秋叶PPT"开始的。在博客很流行的时代,秋叶在博客上输出内容。后来被培训机构发现后,秋叶开始针对PPT的使用做企业内部培训。再后来,秋叶出版了全套Office品类的图书,成为该领域图书的头部作者。知识付费模式出现后,秋叶又开始在互联网上输出Office品类的知识付费内容。

秋叶没有局限在Office品类,而是围绕这一品类开发了更多的产品,形成了基础产品、增值产品和延伸产品的产品矩阵。秋叶的产品设计如表7-1所示。

表7-1 秋叶的产品设计

产品类型	初级	进阶	高级
基础产品	PPT入门	职场PPT	写作特训营
增值产品	手绘	结构思考力	社群特训营
延伸产品	四六级认证	DISC双证班	秋叶私房课

秋叶的产品矩阵中纵向的基础产品是单价较低、面向大众的核心产品;增值产品是在基础产品之外,面对想要学到更多技能的用户的产品;延伸产品是承接增值产品,面对某些想要进一步深入学习的用户的产品。横向的初级、进阶和高级既对应着产品价格,又对应着内容深度和内容

质量。秋叶通过基础产品获取付费流量，通过其他产品获取进一步的付费转化。

值得一提的是，秋叶的产品矩阵中的很多产品既不是由秋叶一个人完成的，也不是由秋叶的团队完成的，而是和其他 IP 合作推出的。在时间上，每个产品都有各自的生命周期。在空间上，每个产品都有各自的目标用户。所以单一产品必然具备局限性，产品与产品间的组合不仅能够形成产品矩阵，也能形成产品生态系统。当自身不能完成产品的整合时，我们可以与其他人合作，形成互补的产品生态圈。

秋叶除了构建个人品牌，还帮助团队成员打造个人品牌。秋叶的团队中有个人叫邻三月，他主要负责秋叶的母婴品类的经营管理。邻三月的个人品牌定位是"生活体验家"，其个人品牌的打造模式如图 7-1 所示。

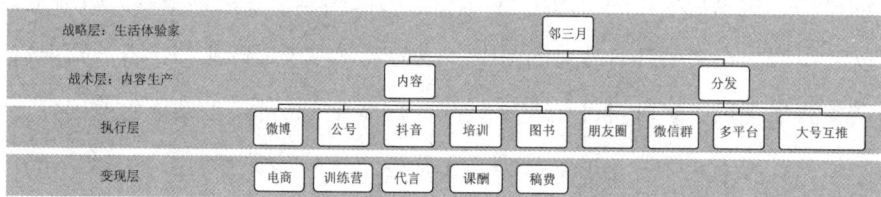

图7-1　邻三月的个人品牌打造模式

根据产品功能属性的不同，个体在设计产品类别时，可以分以下 3 类进行设计。

1. 引流类产品

引流类产品的主要功能是为自己创造流量，这类产品存在的主要价值是获得认知、获得存在感和为自己引流。引流类产品的门槛要低，可以是免费的，可以是低价的，要设法吸引尽可能多的用户。

2. 树口碑产品

树口碑产品的主要功能是为自己提高美誉度，这类产品存在的主要价值是让粉丝或用户对自己产生正面评价。树口碑产品的价格应当比引流类产品高，要有一定的价格门槛，但价格不能过高，要有比较高的性价比。

树口碑产品非常适合做"爆款"产品，因为这类产品的销量达到一定程度后，本身便具备赢利能力，有一定的利润空间，同时因为其比较高的性价比，能够获得较多的正面评价，增强用户黏性，有助于向下一级产品转化。

3.现金牛产品

现金牛产品的主要功能是获取利润，这类产品存在的主要价值是提高变现能力。现金牛产品可以设置较高的价格，服务于高客单价的优质用户。

3类产品的功能关系如图7-2所示。

| 引流类产品 | → | 树口碑产品 | → | 现金牛产品 |

图7-2 3类产品的功能关系

个体通过引流类产品获取流量，把用户吸引进来；通过树口碑产品获得好评，增强用户黏性；通过现金牛产品获取利润，增加品牌收益。

我有个做个人目标管理领域的朋友，他每年的收入大约有500多万元。加上他自己，他的全职团队一共有5人，兼职团队有10人左右。他的流量虽然不大，但用户黏性非常高，他在其领域内小有名气。

他的产品一共有3种。

第1种是免费的线上课程产品，这是他的引流类产品。他会定期在各大社群做目标管理相关主题的直播分享。秋叶的社群就是他的合作伙伴之一。通过这类产品，他能够在这些社群中获得认知，对他感兴趣的人自然会关注他。

第2种是价格为499元的训练营产品，这是他的树口碑产品。他每年会举办几期这样的训练营，教给用户目标管理的方法。这类产品的主要内容是工具和方法论，服务周期是21天，配有一定的练习和答疑环节。

第3种是价格为7 980元和16 980元的社群产品，这是他的现金牛产品。7 980元是一年会员，16 980元是终身会员。以一年会员为例，他和团队会为会员服务一整年，年初和会员一起设定目标，以周为单位评估目标的达成情况，每周还会有各类读书或主题学习活动。

7.2.3 如何实现差异化

个人品牌的第3个关键词是差异化。差异化决定了个人品牌能不能被别人快速记住。差异化代表着一种独特的存在，代表着在市场上的不可替代性。

个人品牌一定要是独特的，一定要和别人有所区分，才能显示出其独特性。比如我当初在简书上写文章时，给自己的定位是职场达人。职场达人就是个非常宽泛的标签，现在随便一个人都能叫自己职场达人。没有差异化，个人品牌很难构建。

如何实现差异化呢？实现差异化可以采取以下4种办法。

1. 品类差异

品类差异是指在定位领域上与其他个人品牌有所区分。比如，当很多人都聚焦在大品类的时候，可以选择小品类。当很多人都聚焦在小品类的时候，可以对小品类再进行细分。只要细分后的市场空间够大，就可以用细分品类做个人品牌定位。

例如有的人是销售专家，主讲销售技巧。销售是个大品类，如何体现差异化呢？个人品牌定位可以落脚在房地产销售专家、汽车销售专家、保险销售专家这些细分品类。

房地产销售专家品类可以细分为新房销售专家和二手房销售专家；可以细分为一线城市房地产销售专家、二三线城市房地产销售专家、四五线城市房地产销售专家等；还可以细分为公寓销售专家、普通住宅销售专家、别墅销售专家和豪宅销售专家等。

2. 用户差异

用户差异是在服务人群上与其他个人品牌有所区分。比如，当很多人都聚焦在大企业用户的时候，可以选择中小企业用户。当很多人都聚焦在中年用户的时候，可以选择老年用户或青少年用户。当很多人都聚焦在基层岗位的时候，可以选择中层岗位或高层岗位。

我有个经营管理类自媒体的朋友。这类自媒体的一般做法是从职场人士的角度抓住广大上班族群体，从而快速提高自媒体的粉丝数量。但他一反常态，站在老板的角度，从老板的视角写企业管理。

这样做的缺点是内容比较硬核，角度比较单一，有些视野不够宽的职场人士不喜欢看，好处是关注他的人群更聚焦，多数是企业中层以上的管理者和企业家。虽然他的自媒体用户数量不多，但都是优质用户。后来他开始组织线下活动，促成了多个内训需求和咨询项目。他本人在企业家圈层中也小有名气。

我还有个做理财的朋友。她在互联网上输出内容的时间比较晚，这个领域里的头部IP早就已经瓜分了大部分的市场份额。她如果走这些头部IP的老路，大概率会以失败告终。所以她转变思路，头部IP面向的用户主要是成年人，她就把自己的用户群体聚焦在青少年身上，教青少年理财。

把目标用户从成年人转向青少年是个非常明智的选择。父母都期望自己的孩子能尽早掌握理财知识，在未成年时对金钱有更好的认识，将来成年之后就能够更从容地应对资金问题。而且针对未成年人的教育能够让自己获得未成年人的认知，等这些用户长大之后可能会产生进一步的转化。这种用户差异让她迅速崛起，他很快就拥有了自己的第一批忠实用户，找到了属于自己的领域。

3. 方向差异

方向差异是在内容方向上与其他个人品牌有所区分。比如，当很多人都在讲如何成功的时候，可以讲如何避免失败。当很多人都在讲"是什么"或"为什么"的时候，可以讲"怎么做"。当很多人都在讲如何向下管理的时候，可以讲如何向上管理。

吴晓波一开始打造个人品牌的时候就注意形成方向差异。吴晓波以前是财经记者，他的崛起是从成为畅销书作家开始的。当时很多人出书写的都是公司的成功案例，但吴晓波写的是公司的失败案例。通过写失败案例，让公司避免失败，吴晓波成了畅销书作家。吴晓波在大家对他不熟悉时选择这个差异化角度是非常明智的。

4. 产品差异

产品差异是在个人品牌提供的产品或服务上有所区分。比如，当很多知识付费项目的内容交付形式是线上音频课程时，可以交付线上视频课程。当线上视频课程发展起来以后，可以交付线上直播课程。当线上直播课程多起来之后，可以交付线上训练营。当线上训练营多起来之后，可以交付城市线下课程。当城市线下课程多起来之后，可以交付行动实践课程。当行动实践课程多起来之后，可以交付实地参观课程……

7.3 写作是构建个人品牌的最好方法

对普通人来说，构建个人品牌的最好方法是写作。一是因为写作的成本很低，可以立即开始；二是因为写作是一种能力，可以通过培养和锻炼获得，而且实施时不需要资源或资本的支持；三是因为写作的上限很高，通过写作实现财务自由的大有人在。

7.3.1 普通人如何通过写作"逆袭"

1964年，英国广播公司（BBC）电视台播出了一部著名的纪录片——《人生七年》（7 Up）。这部纪录片的导演是迈克尔·艾普特（Michael Apted）。他采访了来自英国不同圈层的14个7岁的小孩，他们有的来自孤儿院，有的来自上层社会。此后每隔7年，导演都会采访这些人，了解他们的近况。

很多人在看完这部纪录片后感慨社会圈层的固化。"龙生龙，凤生凤，老鼠的孩子会打洞"，这部纪录片的内容仿佛向人们传达了这样一个朴素的道理。人的出身决定了他未来的发展，社会圈层似乎是很难突破的东西。

然而，很多原本生活不如意的人通过写作改变了自己的圈层，让自己在原本社会圈层的基础上实现了跃迁式的发展和进步。

说说发生在我身边的事。

我有一个朋友的朋友，男性，在我写这本书的1年前，他的主业是北京一家30人规模的公司的总经理，他还有个身份是畅销书作家，他在一个很有名的学习平台有自己的线上课程。再往前5年，他那时的身份只是一个读书爱好者，刚进职场不久，跟着导师打拼。在我写这本书时，他的身份已经是查理·芒格（Charlie Munger）在中国的合伙人之一。

查理·芒格是股神沃伦·巴菲特的搭档。查理·芒格和沃伦·巴菲特联手打造了伯克希尔·哈撒韦公司的投资神话。可以说，查理·芒格是一个站在世界金字塔顶部的男人。

我的朋友说起他的这位朋友，说他们曾经举办过一场思想会，与会的每个人都要说出一个与自己的兴趣相关的"大目标"。我朋友的这位朋友说他对思维模型很感兴趣。因为思维模型非常有利于解决问题，思维模型的鼻祖是谁呢？是查理·芒格。所以他当时就给自己定了一个大目标，说自己在有生之年，要和查理·芒格建立联系。

当时在场的没有一个人相信他能达成目标，大家不相信他的原因不仅是因为他那时只是个普通人，还因为那时查理·芒格已经90岁了。一个普通的年轻人，说自己在有生之年要和查理·芒格建立联系。这个年轻人可以一边奋斗一边等，可谁知道查理·芒格能不能等呢？没想到，他的这个大目标如今真的达成了。

他是如何实现与查理·芒格建立联系这个目标的呢？

据他自己回忆，他当初其实也不敢相信这个目标能实现。但因为有了这个宏大的目标，他在做决策、做事情时都会朝这个方向走。而他走的第一步，就是开始了自己的自媒体写作。通过自媒体写作的积累，他写出了一本关于思维模型的畅销书。

从有自媒体写作的想法开始，他就和查理·芒格之间产生了某种关联。从他的书上市到畅销，他与查理·芒格之间的距离越来越近。查理·芒格知道他，并对他产生兴趣，这本书起到了很大的助推作用。据他说，他现在所处的圈层，他看世界的眼界和高度，已经和原来的自己完全不同了。

7.3.2 如何选择写作形式

在互联网时代，个体崛起比较常见的写作形式有 4 种，如图 7-3 所示。

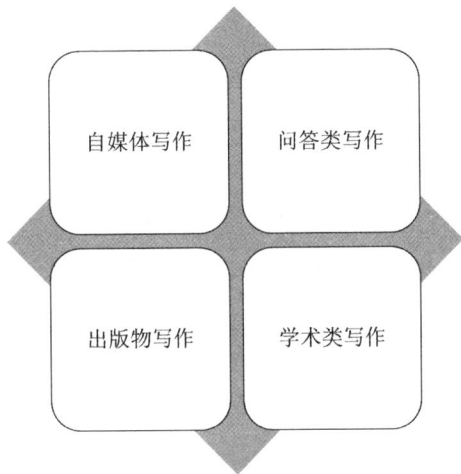

图7-3 互联网时代个体崛起常见的4种写作形式

1. 自媒体写作

自媒体写作指的是在微信公众号、微博、今日头条以及其他一系列适合构建个人品牌的、能够在互联网上传播的媒介中写作。在一些流量比较大的平台上写作也是自媒体写作的一种形式。自媒体写作是互联网时代最常见、门槛最低的写作形式，任何人都可能通过自媒体写作在互联网时代崛起。

2. 问答类写作

问答类写作指的是通过知乎、微博问答、百度知道等一切问答类渠道，针对平台或用户提出的问题进行回答的写作。问答类写作需要写作者具备一定的专业知识，要求写作内容严谨、扎实、深入浅出，比较适合在某个领域内有深入研究的人。

3. 出版物写作

出版物写作指的是为了在公开出版的图书、杂志、报纸等印刷品上发表内容而进行的写作。出版物写作有一定的门槛，除了需要在某个领域内有比较深厚的专业积累之外，还需要有能够将专业知识逻辑化、结构化和模块化的能力，以及持之以恒写作的能力。

4. 学术类写作

学术类写作指的是学术领域的期刊、论文等方面的写作。学术类写作需要的写作能力不亚于出版物写作。对构建个人品牌来说，学术类写作的主要价值是积累自己在学术领域的贡献，同时可以为其他写作形式积累素材。

这4种写作形式具有不同的特点，其比较如表7-2所示。

表7-2　4种写作形式的特点比较

写作形式	写作难易程度	阅读用户数量	阅读用户黏性	对读者认知的影响力大小	商业转化难易程度
自媒体写作	较易	大	中	小	低
问答类写作	中	小	强	大	中
出版物写作	较难	中	强	大	中
学术类写作	较难	小	弱	中	高

我们可以根据自身当前所处的状态以及未来的定位与规划，选择适合自身的写作形式开始写作。选好写作形式后，应当深耕细作、用心经营，切忌频繁更换。如果时间和精力允许，可以用多种写作形式同时进行。例如，我主要的写作形式是自媒体写作和出版物写作。

这4种写作形式并不是完全独立的，在某些情况下，4种写作形式之间能够实现相互转化。专心写好其中的某一种形式，有时候也能为其他形式的写作提供内容积累，但转化的时候要注意内容的兼容性。

自媒体写作的内容通常是为了追求阅读、点赞、转发和评论的数量，因此在自媒体写作中，用词上应当更加口语化、网络化，能用视频、图片或表情包表达的内容，就不宜用文字表达。将自媒体写作的内容转化为同样在互联网上传播的问答类写作内容相对容易，但如果要将其直接转化为出版物写作或学术类写作内容，则需要做进一步的加工。

问答类写作是4种写作形式中弹性最大的。问答类写作的目的比较明确，主要是解决某个实际的问题。根据内容的特点，问答类写作的内容往往可以相对容易地转化为其他3种写作形式的素材。

出版物写作和学术类写作的内容比较严谨，两者之间相互转化比较容易，有时候也可以直接转化为问答类写作，但如果要转化为自媒体写作的内容，一般需要进一步的加工。

7.3.3 如何养成持续写作的好习惯

很多著名作家都有把写作当习惯的举动，这正是我学习的榜样。日本著名作家村上春树说自己每天坚持写作4 000字。

著名作家刘墉曾问他的儿子刘轩："为什么很久没见你写作了？"

刘轩说："因为我没灵感。"

刘墉说："什么叫没灵感？这只是很多人不创作的一种托词而已。"

刘墉的意思是，写作应当是一种习惯，就像吃饭和睡觉一样。人每天到点就应当吃饭，而不是有了饥饿感才吃；人晚上到点就应当睡觉，而不是有了困感才睡。很多时候，人原本不饿，但到了饭点，点了些菜，发现味道很好，于是来了食欲；很多时候，人原本不困，但到了睡觉的点，坐在床边看了会书，便困意袭来。

写作靠的是习惯，而不是灵感。写作与灵感间的关系并非很多人想象的强因果关系——因为来了灵感，所以才开始写作；而是通过坚持写作，灵感越来越多。

我的大学生活过得非常不羁，经常逃课到网吧玩游戏。快考试了，别人都在自习室忙着复习，我在自习室里看了15分钟书就坐不住了，不是和同学聊天，就是又跑去网吧玩游戏。

我开始写作后，刻意让自己养成写作的习惯。一开始，我让自己每天养成写东西的习惯，只要写就可以，不追求字数。后来，我慢慢每天写1 000字、2 000字、3 000字，直到养成了现在平均每天至少写5 000字的习惯。

这个习惯已经成了我的"强迫症"。有个网络用语叫"懒癌"，指的是人们因为懒惰而拖延，无法完成目标。因为养成了写作习惯，我发现自己仿佛得了一种和"懒癌"相反的"病"。这种"病"，就是习惯，很多人称之为自律。

每天写完5 000字，我才觉得这一天过得有意义。写不完5 000字，我感觉就像早晨起床之后没刷牙、没洗脸一样。出差花在路上的时间比较长，有时不便用电脑，我就用手机写。有一次坐飞机，空姐多次来提醒并检查我的手机，问我是否调至飞行模式。大概是看我写作投入，她以为我在用手机和别人聊天。我的手机基本不是用来聊天的，除了打电话和学习，我的手机主要就是我的写作移动输入设备。

刷牙、洗脸这类事情比较简单，所以通过采取行动养成习惯比较容易。写作不像刷牙、洗脸那么简单，人们要展开行动，养成写作习惯，就需要给自己设置一个正向反馈。有了正向反馈，人们的行为和习惯才能进入一个增强回路中。

养成写作习惯的增强回路如图7-4所示。

所谓反馈，指的是当人们做出某种行为时，周围环境对这个行为产生的作用。持续的行为产生习惯，好的习惯会带来正向反馈，从而进一步促进人们产生行为。相反，如果遇到负向反馈，那人们的行为和习惯就会进入一个减弱回路。

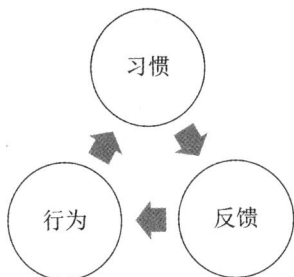

图7-4 养成写作习惯的增强回路

在写书之前，我的正向反馈来自发布在自媒体平台上的文章有人点赞，有人评论，有人喜欢。当我写第一本书时，我的正向反馈来自马上要出书而产生的神圣感。我如今写书的正向反馈来自书的销量，这是市场对我创作价值的肯定，激励着我继续努力。

我们在养成写作习惯的过程中，获取正向反馈的方式有很多。例如加入某个写作训练营，大家都坚持写作，相互监督、相互评价、相互学习，通过社群带来正向反馈。

刚开始写作时，一定会经历一段时间的看似没有产出的投入。这段时间也许感觉较漫长，但功不唐捐。就像书法家在成为书法家前练字时写的字是没有价值的，有价值的是他成为书法家后写的字。可如果书法家没有在前期大量地练字，也不可能成为书法家。

物理学中有能量守恒定律，写作同样遵循能量守恒定律。写作中能量守恒定律的关键表现是，时间在哪里，结果就在哪里。要养成写作的习惯，提高写作能力，输出写作内容，必然要投入大量的精力，必须要有长时间的练习。

很多人既想得到好结果，又不愿为之付出时间和努力，想要写作，却把大量时间浪费在看短视频、聊天这类与写作无关的事情上。如果连时间和努力都舍不得付出，又何谈成长？

要想好好写作，就要做好以下 3 点。

1. 寻找时间

写作要投入时间，但不一定是连续的、整块的时间。对很多人来说，他们也许无法拿出大块的时间来写作，这时候可以把写作当成副业，或者当成生活中的随笔记录，运用碎片化、不连续的时间写作。

我还在职场时，午饭后一般有 30 ～ 60 分钟的休息时间，我会运用这段时间写作。每天下班吃过晚饭后，我会用 2 ～ 4 小时集中写作。乘坐公共交通工具时，我会用电脑或手机写作。创业后有了更多的自由支配时间，我对自己的要求是每天工作 14 小时，其中至少 6 小时用来写作。

2. 屏蔽干扰

很多人进入写作状态比较慢，而且进入写作状态后的专注度低。如果写作过程受到某种干扰，很可能让原本顺畅的写作难以为继，所以写作过程中要屏蔽外界一切可能的干扰。

我写作时会想尽办法屏蔽一切干扰。我会把手机调成静音模式，只有手机中设置的闹钟会响。我用微信几乎不看朋友圈，只发送和接收信息。我会屏蔽一切无效的社交活动，不参加任何无意义的聚会活动。我用电脑或手机上网时，会屏蔽一切推送类的热搜、新闻或广告。

3. 不要纠结

一个人在某个方面投入的时间比较多，在其他方面投入的时间自然就会比较少。如果选择把自己的时间投入写作，就安心投入，努力在写作上做出成果，不要纠结自己在其他方面可能没有成果。

我在写作上投入了大量的时间和精力，才成了畅销书作家。"写书哥"在微博上投入了大量的时间和精力，才成了文字类博主。反观我身边的很多朋友，想得太多、做得太少，最后自媒体账号没经营好，社群没经营好，书也没写出来。

行动高于一切

看到这里，也许很多读者心里会有这样一个问题："这本书前面的内容靠谱吗？按照这本书介绍的方法做我就能崛起吗，就能变成有钱人吗？"

是不是每位读者看完这本书都能崛起我不敢保证，但我敢保证的是，如果哪位读者不想在互联网时代成长与发展，不想崛起，不想变成有钱人，只要完全不按照本书介绍的方法做，全部都反着来一定能做到。

曾经有位朋友问我："我发现周围有很多人，他们给自己定下目标后，总能坚持执行自己的目标，而我却不行。我有两个很要好的朋友，本来我们 3 个人的情况都差不多。后来有一位朋友开始在电商平台上创业。他刚开始时在赔钱，赔了两年以后就开始赚钱，现在他一年的营业额有几千万元，生意做得风生水起。

"我的另一位朋友，从两年多以前开始通过写文章在自媒体平台上输出，每周输出 3 篇文章。现在他各个平台的粉丝数量加在一起已经超过 10 万，他开始准备自己的培训课程变现了。而我，还是原来那样。别人都在走向成功，好像只有我停在原地。你说为什么会这样？你能不能写一篇文章帮我分析分析这是为什么。"

我说："其实不需要一篇文章，一句话就够了。因为别人在'做'，而你在'看'。"

许多人常说，只要我稍微用用功，我也能变得很厉害。是的，厉害的人和普通人一样，没有什么特异功能，也不是什么天才，更不是生下来就会飞。他们和普通人的唯一区别是，很多事情他们真的坚持行动了，而普通人没有。开始的时候，别人还能望其项背，久而久之，就望尘莫及了。

俞敏洪说："所有的人都是凡人，但所有的人都不甘于平庸。我知道很多人是在绝望中来到了这里，但你们一定要相信自己，只要艰苦努力，奋发进取，在绝望中也能找到希望，平凡的人生终将发出耀眼的光芒。"

生活让我们不得不面对自己身上的缺陷和弱点。现实会一次又一次地提醒我们，我们不是一个完美的人，需要改变。可人是懒惰和脆弱的，大部分人选择麻痹自己，转向短期的即时满足。只有少数人选择改变自己，于是就会有痛苦、有反复、有放弃，却也有成功。

一个行动胜过无数个空想，不要让自己的梦想只是"想想"。离开那温暖的舒适圈吧，哪怕只是一个小小的目标，行动起来才有可能实现，小目标的积累也会变成大成就。只有行动起来，才能把自己塑造成自己心目中的样子。

为什么懂了那么多道理，却依然过不好这一生？

因为别人在"做"，而你在"看"。

每一个优秀的人格、每一个成熟的心智，都是经历了多次自我改造和行动的结果。没有试图改变自己的人，会继续重复自己日复一日的生活，看那些早已厌倦的风景；而对于正在改变和行动的人来说，每一天都是新的。只有我们自己坚持信念，并积极地投入其中，脚踏实地去改变、去实践、去行动，才有可能获得属于自己的精彩！